D1620612

HALWART SCHRADER

„Mit der Karre kommste nicht weit …"

AUTOMOPHILE ERINNERUNGEN

DELIUS KLASING VERLAG

Inhalt

Der elektrische Großvater

Kriéger Elektrodroschke um 1905

Mein Großvater Albert von Oettingen

E twa bis zu meinem 18. Lebensjahr war mein Interesse am Automobil eher verhalten, bedingt durch Zeitumstände. Umso mehr Spaß mit Autos hatte ich dann im Verlauf der nachfolgenden sechs Jahrzehnte, wobei meine schönsten, aufregendsten und abenteuerlichsten Erlebnisse mit Fahrzeugen der unterschiedlichsten Beschaffenheit in eine Zeit fielen, in der zum Beispiel auf Deutschlands Winterstraßen noch Spikesreifen erlaubt waren, der Liter Superbenzin 68 Pfennig kostete (das entspräche heute 35 Cent – in Worten: fünfunddreißig) und es am Bordstein großstädtischer Straßen Parkuhren gab, in die man zwei Zehn-Pfennig-Stücke einwarf, um eine halbe Stunde lang unbehelligt Besorgungen machen zu können. Das Telefon bediente man nicht durch Tasten oder Touchscreen-Fingertippen, sondern durch das Drehen einer Scheibe mit zehn Fingerlöchern, die Post beförderte noch Telegramme, auf dem Schrottplatz konnte man einen Wagen aus Kaisers Zeiten finden, und an der Tankstelle war für jeden Handgriff ein Tankwart zuständig. Wer eigenhändig zu tanken begehrte, griff in dessen Kompetenz ein.

Die Orientierung in fremden Regionen erfolgte durch Straßenkarten, nicht per Satellitennavigation; das Reserverad im Auto war noch ein solches und keine Behelfsscheibe. Man nahm gern mal einen »Autostopper« mit, auch Anhalter oder Tramper genannt. Wer eine 100-Watt-Glühlampe besaß, stand noch nicht mit einem Bein im Gefängnis. Zeitschriften mit knapp oder gar unbekleideten Covergirls wurden nur unter dem Ladentisch gehandelt. Besitzer eines Fernsehgeräts mussten stets mit unangemeldetem Besuch der Nachbarn rechnen, weil die noch keins hatten, und man glotzte auch nur schwarzweiß.

Wer von einem Volkswagen sprach, meinte ausschließlich den Käfer, und wenn das Wort »drüben« fiel, bezeichnete dies die »sogenannte« DDR oder Ostzone, oder die »sogenannte« BRD oder die Westzone – je nachdem, wo man wohnte. Milchholen mit der Kanne, Radionachrichten zum Mitschreiben einschließlich der Pegelstände aller schiffbaren Binnengewässer und

Armbanduhren, deren Werk man täglich aufziehen musste: das alles waren Selbstverständlichkeiten damals, und von diesem »damals« trennen uns nur anderthalb Generationen.

Dies ist kein automotives Geschichtsbuch, sondern ein automophiles Geschichtenbuch, und da sich der Zeitrahmen, den dieses Buch umfasst, über so viele Jahrzehnte erstreckt, unterscheiden sich die Begebnisse und deren Begleitumstände aus jüngerer Zeit natürlich von denen meiner Auto-Urphase. Wenn gelegentlich Zeittypisches Erwähnung findet, erkläre ich es nicht immer.

Großeltern kluger Enkel glauben an die Mendelsche Vererbungslehre im Generationensprung. Ich habe andere Gründe, an so etwas zu glauben und kann sogar einen Beweis dafür erbringen, dass sich bestimmte Schwächen auf die Enkel vererben. Zum Beispiel die, sich mit Dingen zu beschäftigen, von denen sie absolut keine Ahnung haben. Denn einer meiner Großväter investierte um 1906 das viele Geld, das seine Braut als Mitgift in die Ehe einbrachte, in eine Gesellschaft, die in Berlin Elektrotaxis in Verkehr setzte. Das Taxigeschäft in der Großstadt boomte, die Pferdedroschke war auf dem Rückzug. Albert von Oettingen erwartete wie seine Mitaktionäre der Berliner Automobil-Droschken AG daher eine baldige Amortisation. 24 Fahrzeuge der französischen Marke Kriéger hatte man angeschafft. Es gab zwar auch Elektrodroschken anderer Hersteller, doch die von Kriéger besaßen den besten Ruf. Solch ein Fahrzeug kostete 6000 Goldmark; auch benötigte man gut ausgebildete, lizensierte Chauffeure, die zugleich Mechaniker und Wagenpfleger waren, ferner eine große Remise in der Innenstadt, eine Ladestation und eine ausreichende Zahl von Reservebatterien zum Tausch. Der Kapitalbedarf dürfte also bei mehr als 200 000 Goldmark gelegen haben – ein Betrag, der die Mittel der Gesellschafter weit überstieg. Daher ließ sich das Unternehmen nur mit einem Bankdarlehen gründen.

Leider musste der französische Hersteller Louis-Antoine Kriéger 1907 Konkurs anmelden, das war kurz nach der Lieferung der Taxis nach Berlin. Die Gesellschaft, an der mein Großvater beteiligt war, brach ein Jahr später ebenfalls zusammen. Der aufgenommene Bankkredit konnte nicht bedient werden, denn die Einkünfte deckten bei weitem nicht die Geschäftskosten, sie glichen nicht einmal die Abschreibungen aus. Es erwies sich, dass man einer falschen Vision erlegen gewesen war: Nicht dem Elektro-, sondern dem Benzinmotorwagen gehörte die Zukunft. Außerhalb der Garagenhöfe gab es für Elektrowagen nirgendwo Lade- oder Austauschstationen für die Batterien, und die Reichweite der Autos war mit 30, maximal 40 Kilometern für eine Großstadt wie Berlin viel zu gering. Das Tagespensum eines Wagens belief sich im Durchschnitt auf 150 Kilometer, also musste zwei- oder gar dreimal am Tag das Depot zum Wechseln der Batterien angesteuert werden. Das dauerte jedes Mal mehr als eine Stunde. Auch kam es immer wieder vor, dass Fahrzeuge ohne »Saft« stehen blieben und die Fahrgäste verärgert zur Konkurrenz abwanderten. Unter Mitnahme der restlichen Bargeldbestände verschwand zudem einer der Taxi-Gesellschafter mit unbekanntem Reiseziel, und die Elektroautos der glücklosen Firma wurden im Zuge der Liquidation versteigert.

Mein Großvater besaß keinen Führerschein und hat auf öffentlichen Straßen auch nie einen selbstfahrenden Wagen gelenkt. Als Kuriosum sei jedoch angemerkt, dass ihm in der Zeit der Wirtschaftskrise 1929/1930, als er wie Millionen andere Deutsche keine Arbeit hatte, der Job eines Elektrokarrenfahrers auf dem Werkshof der Junkerswerke in Dresden angeboten wurde – mit dem Hinweis auf seinen eingereichten Lebenslauf. »Sie hatten schon einmal etwas mit Elektrowagen zu tun?«, soll der Personalchef ihn gefragt haben. »Dann ist diese Arbeit für Sie doch genau das Richtige!« Vielleicht war das gar nicht ironisch gemeint. Großvater nahm an, wenn auch nur ungern. Eine bessere Stelle fand er nicht, und die Familie litt Not.

Sollten sich durch die Geschichte mit den elektrischen Taxis oder durch die mit den Elektrokarren bei Junkers aber automobile Familiengene gebildet haben und über meine auto-abstinente Mutter auf mich übertragen worden sein, wäre hier ein Ansatz zu jener Passion zu sehen, die in meinem Leben eine so große Rolle spielte (mein Vorbehalt gegen Elektroautos mag sich daraus gleichermaßen ableiten). Und was nun die Vererbung betrifft: Auch ich besitze die Gabe, durch in Autos fehlinvestiertes Geld materielle Verluste zu produzieren; das gelang mir mehr als einmal. Aber ich hatte wenigstens Vergnügen mit ihnen gehabt – gelegentlich mehr, gelegentlich weniger. Das Vergnügen kompensierte jede Einbuße, und mehr als nur das. So gesehen weist die Bilanz ein positives Ergebnis auf.

Die nachstehenden Schilderungen meiner Autoerlebnisse erfolgen nicht in strikt chronologischer Reihenfolge, was vielleicht auch gar nicht wichtig ist. Steigen Sie also ein und halten Sie sich in Kurven und bei gelegentlichen Bremsmanövern gut fest, denn nicht jedes Vehikel, in welchem ich Sie mitnehmen will, verfügt über Sitzgurte. Etliche Fahrten führen nach England und Frankreich, in die USA oder sonst wohin. Und wo immer es klappert, quietscht und rappelt: Machen Sie sich keine Gedanken, wir werden schon ans Ziel kommen. Notfalls heißt es aussteigen und schieben.

D ie einfache Frage, ob ich nicht ein paar Worte zu Halwart Schrader schreiben könnte, war schnell beantwortet. Ist doch gerade er einer der wenigen noch lebenden Freunde, Partner und Mitgestalter der nicht nur deutschen, heute »Oldtimerszene« genannten, Bewegung, von und mit der auch ich lebe. Als Überraschung zu seinem 80. Geburtstag erscheint dieses Buch mit seinen automobilen Erlebnissen, die sicher so spannend wie amüsant sind. Einige davon werden die Leser ähnlich erlebt haben, andere werden unglaublich erscheinen – und Jüngere werden erfahren, wie harmlos, naiv, voller Idealismus, riesigem Engagement und mit viel Spaß der Beginn, die Anlaufphase des heute so etablierten Wirtschaftszweigs rund um Sammlerfahrzeuge begann.

Es ist auch der richtige Zeitpunkt, dass dieser Erlebnisreichtum mit profunder Feder festgehalten wird, erscheint es doch heute so, als wäre die »Oldtimerei« in jedem Bereich schon wissenschaftlich untermauert ... Aus Freaks wurden Sachverständige und 40-Jährige haben 60 Jahre Erfahrung. Ich bemerkte ja schon – das wird spannend und amüsant!

Viel wichtiger erscheint mir aber die Ehre, ein Vorwort verfassen zu dürfen, die Pflicht darin zu sehen, Halwart Schrader den Lesern – speziell den jungen – nahe zu bringen.

Halwart Schrader, in netten Momenten von seiner Frau »Hallimann« gerufen, wäre zu bescheiden, nur über sich selbst zu schreiben, geschweige denn, sich selbst als einflussgebende Person zu sehen. Bereits zu Beginn seines Berufsleben war ihm das Automobil – genau wie das Schreiben darüber und das Beschäftigen damit – Ansporn und Ziel. Nicht nur des schmalen Geldbeutels wegen besass und bewegte er zumeist Fahrzeuge, die man nur als Oldtimer bezeichnen konnte.

Das allumfassende Interesse am Automobil, aber auch seine Jugend und eine moderne Sprache ließen ihn auffällig werden und bestätigten ihn darin, sich im richtigen Bereich zu tummeln. Mit Verlaub, wer kennt heute noch jemanden der das legendäre »twen«-Magazin mit gestaltete?

Mit Beginn der neuen deutschen »Veteranenwelt« war auch er dabei, man traf ihn überall, und im September 1973 wurde er der »Kopf« der »Automobil- und Motorrad-Chronik«.

Es waren seine Frau und er, die einen neuen kleinen Fachverlag gründeten; die »Schraders« hatten das erste Fachgeschäft in Deutschland, in der das historische Fahrzeug das Thema war.

Ein Punktesystem im Verbund mit verschiedenen Zuständen und dazu passenden Preisen ist keine Erfindung der Neunzigerjahre, dieses gab es durch Halwart bereits in den Siebzigern. Und wir wüssten heute vielleicht gar nicht so viel über die Schlumpf-Sammlung, hätte er sich nicht mit Unterstützung einiger befreundeter Journalisten das Material zu einer Dokumentation gesichert, um – aus Begeisterung wie Empörung – das erste Schlumpf-Buch zu erstellen. Das übrigens sah der Staat Frankreich aber mit ganz anderen Augen, was zu einer nicht angenehmen deutsch-französischen Oldtimer-Affäre zu Lasten Schraders führte ...

Vor ihm gab es keinen internationalen Auto- und Motorrad-Buchhandel in Deutschland. Hatte Wim Thoelke mit Wum und Wendelin eine automobilhistorische Frage, saß Halwart Schrader als Fachjury im Studio. Seine Fremdsprachen-Fähigkeiten führten nicht nur dazu, dass er Bücher ins Deutsche übersetzte und oft selbst verlegte, nein, es war vor allem er, der die deutsche Oldtimerszene im Ausland bekannt machte. Und überwiegend durch ihn sind ausländische Sammler, Autoren sowie Händler auf die deutsche Szene aufmerksam geworden oder gesellten sich zu dieser dazu.

Bisher nie gesagt oder geschrieben und von ihm auch nie werblich genutzt ist er, Halwart Schrader, der auflagenstärkste deutsche Fachbuchautor aus dem automobilen Bereich, Instandsetzungsanleitungen ausgenommen.

Halwart Schrader ist ein großer Mitgestalter der »Oldtimerszene«, er hatte und nahm Einfluss – wenn er das selbst auch nicht so sieht –, er hatte immer wieder die richtigen Ideen und hat zum steten Wachstum der Szene beigetragen. Er hat gewisse Standards vorgegeben, die unbemerkt übernommen wurden, ohne dass man heute »Wer hat's erfunden?« fragt.

Noch etwas Persönliches: »Hallimann« lebt und ist Auto, alle Höhen und Tiefen damit hat er erlebt, sein Erfahrungsschatz ist immens, er gibt davon immer gern etwas frei und macht dies so, dass man es aufsaugt und nutzt – und manchmal vergisst, von wem es kam. Darum war mir das Vorgenannte wichtig zu erwähnen, wenn er selbst mir auch kurzfristig die Freundschaft dafür kündigen wird.

Ich freue mich darauf, seine Auto-Erinnerungen zu lesen – wenn nicht seine, wessen dann? –, aber der neue und junge Leser sollte eben auch wissen, wer da seine Erinnerungen preisgibt. Denn Halwart selbst wird sie in seiner Bescheidenheit lediglich als ein paar Autoanekdoten betiteln.

Sempre Avanti
Hans-Joachim Weise, zu Jahresbeginn 2015

Lieber was aus Blech

Scheunenfunde ließen sich noch überall tätigen …

Kunstwerk eines Vierjährigen mit exakter Adressangabe

D as Auto als Gegenstand meiner Leidenschaft begann ich 1953 zu entdecken. Interessiert haben mag es mich auch schon vorher, aber nur
beiläufig. Denn nicht jeden im 20. Jahrhundert aufgewachsenen Knaben hat
das Automobil von klein auf fasziniert. Es gab da eine Anzahl mindestens
ebenso reizvoller Phänomene: die Eisenbahn zum Beispiel, Briefmarken-
und Zigarettenbildersammeln oder das damals bekanntlich hoch im Kurs
stehende Militärwesen mit dem ganzen Tschingderassabumbum.

Da ich 1935 geboren wurde, haben mich bis zu meinem achten Lebensjahr
diese drei Interessensgebiete mehr in Anspruch genommen als Autos. Mit
Soldatenfiguren aus Lineol, einer Märklin-Eisenbahnanlage der Spurweite 1
und auch mit den noch von meinem Vater angelegten Schaubek-Marken-
alben »Altdeutschland« und »Französische Kolonien« vermochte ich mich
intensiv und ausdauernd zu beschäftigen. Ich gehöre also nicht jener Generation an, die das Wort »Auto« lallen konnte, noch vor »Mama« oder »Papa«.
Ich nehme an, diese Frühphase kleinkindlicher Artikulierungsversuche setzte erst bei jenen Knaben ein, die in Deutschland nach 1948 geboren wurden,
denn vorher befand sich der Gegenstand Auto – den Zeitumständen entsprechend – ja noch außerhalb der Wahrnehmungsmöglichkeit im Dasein eines
Kindes. Meine 1974 geborene Tochter Julia übersprang diese Phase übrigens
in bemerkenswerter Weise: Zu ihren ersten sehr deutlich artikulierten Worten zählte »Porsche«, und mit fünf Jahren konnte sie einen Ferrari von einem Maserati unterscheiden (was weniger verwundert, wenn man erfährt,
dass sie ihre Eltern häufig zu deren Besuchen des alljährlichen Oldtimer-
Grand-Prix auf dem Nürburgring begleitete). Autos oder was auch immer:
Mechanikspielzeug dürfte mich gewiss ebenso wie Briefmarkensammeln
interessiert haben, was sich zumindest aus jener Antwort ableiten lässt, die
ich als Fünfjähriger einer Tante gab, die mich gefragt haben soll: »Wenn du
dir ein Geschwisterchen wünschen könntest – hättest du lieber ein Brüder-
chen oder ein Schwesterchen?« Meine Antwort: »Ach, Tante Mietze, wenn
ich's mir schon aussuchen darf, dann möchte ich lieber was aus Blech ...«

13

Handbremse los – und nicht so zaghaft Gas geben!

Mein erstes eigenes Auto – ein Mordopfer

Das fast fertige Zebra mit Helfer Grünberg am Lenkrad

Mitte Oktober 1954 – ich war 19 Jahre jung – erwarb ich von einem Kohlenhändler namens Hildebrand im Berliner Stadtteil Wittenau mein allererstes Auto. Es war ein dreirädriges Pritschenfahrzeug. Um es gleich zuzugeben: Trotz intensiver Bemühungen im Verlauf von zwei Jahren war das Auto nie wieder zum Leben zu erwecken.

Auf dieses Abenteuer hatte ich mich eingelassen, ohne dass ich einen Führerschein besaß. Den hatte ich erst zwei Monate später. Schon etwas länger besaß den »Lappen« aber mein Studienkollege Peter Alban, der mit mir gemeinsam das Dreirad von Wittenau in eine angemietete Garage in der Blissestraße fuhr – dies sollte die einzige längere Fahrt mit meinem ersten Auto bleiben, und Peter Alban blieb der einzige Mensch, der den dreirädrigen Borgward, so lange ich ihn besaß, je über eine Entfernung von mehreren Kilometern bewegt hat. Ohne, später aber auch mit Führerschein tat es der Wagen bei mir kaum mehr als zehn Meter. Er verließ nie wieder auf eigener Achse den Garagenhof.

Das für 250 Mark – soviel hatte ich gerade auf meinem Postsparkonto – erworbene Vehikel hatte einen (theoretisch) 7,3 PS leistenden 199-cm³-Einzylindermotor. Wer sich einigermaßen auskannte, sagte: Aha, ein alter Goliath! Aber in den Papieren und in der Betriebsanleitung stand: Borgward FW 200. Sein Kaufpreis lag deutlich unter dem eines Dixi oder gar DKW. Die bekam man nicht unter 700 bis 900 Mark.

Ich glaubte, mein so günstig erworbenes Dreiradfahrzeug erst einmal gänzlich zerlegen zu müssen. Dadurch ermordete ich es auf grausame Weise, zerstückelte es und riss es in 100 Teile, und das nicht allein aus dem Grunde, seine Anatomie so gründlich wie möglich kennenzulernen, sondern um den ehemaligen Brikett-Lieferwagen anschließend in einen offenen Sportzweisitzer zu verwandeln, mit einer Gepäckkiste auf der Heckplattform.

Dabei wäre es ein Leichtes gewesen, das brave Autochen einfach »nur« zu renovieren, es vom Kohlenstaub zu befreien und, wo nötig, instand zu

Die »Dreikantfeile« nach ihrer Zerlegung

setzen. Die kleine, zweisitzige Kabine, die Pritsche dahinter, die Fronthaube – alles war ja im Originalzustand und hätte lediglich einer Auffrischung bedurft. Etwas mehr als Kosmetik freilich, denn das Auto wies etliche Beulen, Schrammen und Dellen auf, eine ausgeschlagene Lenkung und defekte Bremsen. Aus heutiger Sicht jedoch wäre ein restauriertes Dreirad Modell FW 200 ungleich wertvoller als ein obskurer Eigenbau, der mehr oder weniger zufällig ein Borgward-Chassis besitzt.

Meine Freunde Peter Alban und Pit Rades verstanden mehr von Technik als ich. Doch ihnen blieb es wie mir verwehrt, die in vielen Freizeitstunden umgebaute und dabei in vieler Hinsicht verhunzte »Dreikantfeile« mittels Dynastarter wieder zum Laufen zu bringen. Bis zum Garagenhof hatte es der Wagen doch geschafft, warum streikte der Motor jetzt?

Immer und immer wieder luden wir die kleine 6-Volt-Batterie auf, reinigten die Zündkerze, spritzten eine kleine Appetitdosis Feuerzeugbenzin in den Ansaugluftfilter. Der Motor hustete dann ein paar Takte, beförderte eine Ölwolke aus dem Auspuff, verschluckte sich und erstarb. Zu dritt schraubten und klopften und feilten und schweißten wir an dem armen Dreirad herum, das mich schon traurig aus seinen großen Augen anblickte, wenn ich am Sonnabendmorgen das Garagentor öffnete. Diese großen – viel zu großen – Augen waren zwei Scheinwerfer, die von einem Horch Achtzylinder

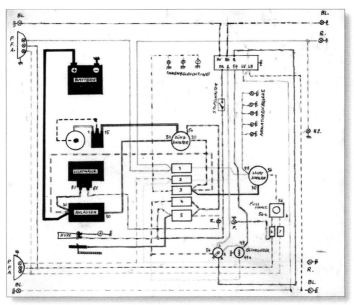

Den Elektroschaltplan hatte ich selbst gezeichnet

stammten; für ein paar Mark hatte ich sie bei einer Autowerkstatt in Berlin-Schöneberg erhalten, zusammen mit Stoßstangen von einem alten DKW. Der Mann, dem die Werkstatt in der Hauptstraße neben dem Postamt gehörte, besaß einen riesigen, schwarzen Cadillac, den er einem amerikanischen Offizier abgekauft hatte. Ich habe es noch im Ohr, wie er einen Lehrjungen schalt, der den wertvollen Wagen mit schmutzigen Händen angefasst hatte: »Du meenst wohl, uff Schwarz sieht man det nich – ick lass' den Wagen nächste Woche weiß lackieren, sarick dir, und wehe ick sehe dann Fingerspuren uff die Karosserie …«

Nicht nur die Scheinwerfer des Borgward hatte ich ausgewechselt. Der gesamte Aufbau war aus Blech und Hartfaserpappe nach und nach neu entstanden. Aus dem grauen 750-kg-Pritschenwagen war ein – wie ich meinte – schnittiger Zweisitzer mit roten Polstern geworden, mit Weißwandreifen und chromblitzenden Stoßbügeln. Ich hatte auch einen neuen Stromlaufplan für die Elektrik entworfen und die dafür verwendeten Kabel vorschriftsmäßig farbig markiert – mittels in kurzen Abständen aufgetupfter Farbstreifen auf der Isolierung. Das Nonplusultra war die Lackierung meiner »Dreikantfeile«, wie der Hausmeister Emil Pfaff des Garagenhofes meinen immobilen Luxusliner nannte. Er wurde der Portugiese genannt und kassierte von mir jeden Monat zehn Mark Miete, und ich nahm ihm ziemlich

Der Autor beim 25. erfolglosen Startversuch

übel, dass er mal gesagt hatte: »Selbst wenn du die Karre zum Laufen bringen solltest – ich glaube, mit der kommste nicht weit!« Dabei hätte die Karre bestimmt jedem Veranstalter von Safari-Reisen in Afrika gefallen. Das Auto wies nämlich schwarze und weiße Zebrastreifen auf, liebevoll mit Ducolux aufgemalt und gut zu dem roten Plastik-Sitzpolster kontrastierend.

Was immer den Motor daran gehindert haben mag, die ihm zugedachte Arbeit aufzunehmen (Peter Alban tippte auf mangelnde Kompression durch einen Riss im Zylinder, der Portugiese auf göttliche Vorsehung) – mein Traum von einem fahrbaren Auto ließ sich mit diesem Gefährt nicht realisieren. Ganz abgesehen davon, was der TÜV-Prüfer wohl gesagt haben würde, sofern er sich von seinem Schock beim Anblick des Zebras mit Original-Schrader-Eigenbau-Karosserie je wieder erholt hätte. In mindestens 20 Punkten, so würde ich aus heutiger Sicht meinen, ging es mit den auch damals schon strengen Vorschriften der StVZO nicht konform. Aber wenn ich nach einer meiner stets von großen Hoffnungen begleiteten Zehnmeter-Ausfahrten das plötzlich erneut ins Koma gefallene Zebra wieder in den Käfig zurückschieben musste, galt für mich stets aufs Neue das Motto: Nach der Probefahrt ist vor der Probefahrt!

Es war nicht so, dass ich nicht versucht hätte, einen Ersatzmotor zu finden. Aber mein FW 200 schien der einzige Überlebende dieses Typs in Berlin

Auch das Armaturenbrett war neu entstanden

zu sein. Da gab es noch den einen oder anderen Goliath Pionier aus den frühen Dreißigern, doch der wies einen Heckmotor auf, ebenso ein weiteres Modell gleicher Herkunft, das den Motor aber unter dem Sitz hatte. Das Herumfragen erwies sich als sinnlos, und in einer der Berliner Tageszeitungen eine Kleinanzeige aufzugeben, traute ich mich nicht, denn mein Dreiradprojekt betrachtete ich ja als eine Geheimsache, in die ich nur wenige eingeweiht hatte. Zu Recht fürchtete ich Spott und Häme, vor allem auch ernste Ermahnungen seitens meines Stiefvaters, solange das Fahrzeug ein kränkelndes Bastelobjekt war.

Im Frühjahr 1956 gab ich das Projekt auf und verkaufte das Vehikel für 250 Mark an einen Studenten der TU Berlin. Wäre er doch Mediziner gewesen: Der hätte bestimmt wissenschaftlich abgesicherte Reanimationsmethoden zur Aufweckung eines Ohnmächtigen gekannt, von denen wir Mechanik-Gläubigen keine blasse Ahnung haben.

Der beinahe Zuverlässige

Mein Opel P4 von 1937

In Berlin-Wilmersdorf gab es einst das Gebrauchtwagen-Autohaus Burkschat. Da ich für das immobile Borgward-Dreirad Ersatz suchte, dafür aber nur soviel anzulegen im Stande war, was der Verkauf des schwindsüchtigen Zebras eingebracht hatte, schien ich bei Burkschat das für mich besser geeignete Fahrzeug entdeckt zu haben.

Ich kannte die meisten anderen Gebrauchtwagenplätze der näheren und weiteren Umgebung natürlich bestens und war über das Angebot im Frühjahr 1956 gut im Bilde. Am S-Bahnhof Savignyplatz hatte ich einen Maybach Zeppelin und ein großes Stoewer Cabriolet gesehen. Autos der 10 000-Mark-Kategorie, für die damals nur eine ganz bestimmte Klientel in Frage kam: amerikanische Offiziere. Kein einheimischer Normalverdiener hätte sich einen Wagen dieses Kalibers zugelegt. Auch nicht ein Monstrum wie jenen weißen Mercedes von 1925 mit dem Schriftzug »R. Tauber« auf dem Kühler, der im Stadtteil Friedenau an der Wexstraße zum Verkauf stand. Ich hatte die Kühnheit besessen, nach dem Preis dieses wundervollen Kompressor-Tourers zu fragen und zur Antwort bekommen: »Zu hoch für dich, mein Junge.« Dass auch dieser Wagen 10 000 Mark bringen sollte, erfuhr ich 20 Jahre später durch jenen Glücklichen, der ihn sich leisten konnte und für den das ein Schnäppchen gewesen war. Der Mann hieß Paul-Heinz Röhll, war ein Fachmann für das Entschärfen von Fliegerbomben aus dem Krieg und nachmals Präsident des Allgemeinen Schnauferl-Clubs. Er war zwar ein wichtigtuerischer, aber dennoch netter und mir wohl gesonnener Zeitenosse, und der große alte Mercedes passte gut zu ihm.

Ein Auto wie den Mercedes aus dem Besitz des Opernsängers Richard Tauber suchte ich ja auch gar nicht. Eher einen sportlichen Dixi oder Ihle-BMW oder Opel Laubfrosch, das berühmte Rüsselsheimer Plagiat des kleinen Citroën. Mit Preisen von mehr als 700 Mark waren aber auch solche Autos für mich schon zu teuer. Was ich bei Burkschat in meiner Kragenweite gefunden hatte, war ein Opel der Modellreihe P4, Baujahr 1937, also genau das Fahrzeug meiner Vorstellung! Es war noch keine 20 Jahre alt und sprang auch sofort an, wenn man den Hebel zum Starten mit dem Fuß hinter dem Gaspedal ertastet hatte. Nicht mehr als 250 Mark sollte die Cabriolimousine kosten, mit frischem TÜV und zwei neuwertigen Reifen als Dreingabe. Ich fand den hellgrauen Opel wunderschön und freute mich, nun ein Auto zu erhalten, das sogar fahrfähig war! Ein berühmter Slogan verhieß: »Opel, der Zuverlässige!« – den würde ich jetzt auf seinen Wahrheitsgehalt prüfen können. Aber vom Burkschat-Hof kam ich so schnell nicht herunter und würgte in meiner Aufregung den Motor zweimal ab – Bis mir jemand den Rat erteilte: »Handbremse los! Und nicht so zaghaft Gas geben, junger Mann!«

Das Herausspringen des ersten Gangs, das Klappern der Türen und der darin versenkbaren Scheiben, das ungleichmäßige Ziehen der Bremsen, das gelegentliche Klemmen der Klappwinker, das Spiel in der Lenkung waren Unzulänglichkeiten, an die ich mich nach wenigen Kilometern gewöhnt und die sogar der TÜV toleriert hatte. Automacken aller Art befähigten mich später, so manches Beinahe-Wrack über die Straßen Europas zu bewegen, ohne dass ich oder andere dabei zu Schaden kamen.

Mein in Hamburg lebender Vater hatte mir nahegelegt, nach dem Abschluss meines Studiums in den Westen zu kommen – »Ja, mit dem P4 selbstverständlich, nur Mut, mein Sohn!« – und mir dort einen Job zu suchen. Hamburg, nicht ohne Grund »Tor zur Welt« genannt, bot wirklich jede Menge Sprungbretter für einen Berufsanfänger, mehr als Berlin.

Es überraschte mich nicht, dass meine Freundin Antje den Wunsch äußerte, mich auf der Fahrt nach Hamburg im Opel begleiten zu wollen. Mein nicht sehr umfangreiches Gepäck, dessen Hauptbestandteil die Mappe mit meinen Bewerbungsarbeiten darstellte, erlaubte außerdem ohne weiteres die Zuladung eines Zeltes und einiger Übernachtungsutensilien, denn ob wir die Fahrt von Berlin nach Hamburg an einem einzigen Tage bewältigen würden, war nicht sicher; wir wollten den Umweg über Helmstedt und Braunschweig nehmen. Der hellgraue Opel-Veteran lief höchstens 70 km/h, und mit der einen oder anderen Panne hatten wir vermutlich zu rechnen.

Wir verließen Berlin in der ersten Augustwoche 1956. Nervosität kam gleich zu Anfang auf, als der Motor nicht wieder anspringen wollte, nachdem ich ihn am deutsch-deutschen Kontrollpunkt Berlin-Dreilinden ausgeschaltet hatte. Der DDR-Grenzpolizist hatte unsere Ausweise und die Fahrzeugpapiere geprüft und seinen Zeitvermerk in den Durchfahrtsschein für die Autobahn nach Helmstedt gemacht. Warum wollte sich denn jetzt der verflixte Motor nicht mehr starten lassen?!

Mit dem zweiten P4 unterwegs in Hamburg

»Nu fahrnse schon, die Leide hindo ihn'n wolln ooch drangomm!«, schimpfte der Grenzer, doch auf meine hilflose Geste hin winkte er zwei Kollegen herbei, und zu dritt schoben sie uns durch den geöffneten Schlagbaum. Zweiter Gang rein, Kupplung raus, etwas Gas – schon lief der Vierzylinder wieder. Der DDR-Staatsratsvorsitzende Walter Ulbricht, überlebensgroß von Plakatwänden hinter uns im Rückspiegel grüßend, verschwand allmählich aus dem Blickfeld.

Eine weitere ungeplante Fahrtunterbrechung ergab sich nur wenige Kilometer vor Erreichen des Grenzübergangs Marienborn-Helmstedt. Mehrere Male hatte Antje gefragt, was das denn für ein Klappergeräusch sei rechts neben ihr. »Das sind die Kurbelfenster«, sagte ich. »Nee, die sind das nicht.« – »Dann vielleicht der Türgriff?« Antje rüttelt an ihm: »Nee, der sitzt auch ziemlich fest.« Die Frage beantwortete sich von selbst, als uns plötzlich ein Rad rechts überholte und im Eiertanz im Gebüsch neben dem Seitenstreifen verschwand.

Verflixt, das Reserverad! Die Drehknebel-Befestigung hatte sich durch das Hüpfen des Wagens auf dem holprigen Belag der Autobahn soweit gelockert, dass es beim Eintauchen in ein besonders tiefes Schlagloch keinen Halt mehr hatte, aus der Kotflügelmulde sprang und zu desertieren versuchte. Ich brachte das Auto zum Stehen, ließ vorsorglich den Motor laufen und suchte im Gebüsch mein kostbares Rad. Das fand ich auch, befestigte es wieder, wo es hingehörte – und weiter ging die Reise, nachdem wir noch eine Wurststulle verzehrt und etwas Kühlwasser nachgefüllt hatten. Während der Rettungsaktion und der kleinen Brotzeit hatten uns ein gutes Dutzend Lastwagen in gefährlich dichter Vorbeifahrt überholt, Personenwagen sowieso. Wenn wir ein Lächeln im Gesicht der Lkw-Beifahrer links neben uns wahrnahmen, dann galt dies wohl meiner attraktiven Beifahrerin, die, vom Hochsitz eines

Mit Weißwandreifen vor dem Standesamt in Hamburg

Lastwagens aus durch das offene Dach meiner Cabriolimousine betrachtet, in ihrem Sommerkleidchen, dessen Petticoat der Fahrtwind aufplusterte, einen erfreulichen Anblick geboten haben dürfte.

Marienborn: »Verehrte Reisende, Sie verlassen jetzt den demokratischen Arbeiter- und Bauernstaat, bitte halten Sie Ihren Durchfahrtsschein bereit!« Mit dem unseren verschwand der diensttuende Stiefelknecht in seiner demokratischen Arbeiter- und Bauern-Baracke. Herzklopfen. Was hatte das zu bedeuten? Ich bat meine Beifahrerin, den Petticoat ein wenig zu lupfen, um den Kerl, wenn er wiederkäme, durch den Anblick hübscher Mädchenbeine in Nylons freundlich zu stimmen, welche Botschaft er uns auch immer überbringen würde.

Der zweite P4 mit Spezialstoßstangen

Wo wir die ganze Zeit geblieben wären, wollte er wissen, die Darbietung meiner Freundin – scheinbar – nicht wahrnehmend. Laut Durchfahrtsschein hätten wir bereits vor spätestens 30 Minuten eintreffen müssen. Ich erzählte ihm die Geschichte mit dem verlorenen und wieder eingesetzten Reserverad. Ob mir bewusst sei, dass

Das Reserverad suchte sich auch schon mal eigene Wege …

ich damit in drei Punkten gegen die für Transitstrecken bestehende DDR-Verordnung verstoßen habe? Erstens: verkehrsunsicheres Fahrzeug, zweitens: unerlaubtes Anhalten, und drittens: Durchführen einer Reparatur auf ungesicherter, freier Strecke. Macht je Verstoß zehn Mark, in Westwährung selbstverständlich. Eine solche Belastung hätte unsere Reisekasse kaum vertragen, das kapierte auch Antje sofort, und sie reagierte fabelhaft. Sie zeigte noch ein wenig mehr Bein ... fast ein wenig über die Grenze des Schicklichen. »Ich will Ihnen de Vörwannungsgebihr ausnohmswäse orlassen«, tönte, genauso wie wir es erhofft hatten, der Uniformierte endlich, nachdem er Antjes Wäscheschau hinlänglich genossen hatte. Zwei Sätze hörte ich ihn noch sagen. Den einen kannte ich bereits: »Nu fahrnse schon, die Leide hindor ihn'n wolln ooch drangomm!« Und den anderen, etwas leiser zu mir durchs offene Türfenster gesprochen, hörte ich ebenso gern: »Mensch, hasd du ne heiße Braut« (warum sächselten eigentlich alle DDR-Grenzer?).

Die erlassenen 30 Mark aber wurden wir wenig später dennoch los, sogar das Doppelte davon: bei der Opel-Werkstatt Cordes in Uelzen. Und hier hätte es sicher wenig Zweck gehabt, es an der Kasse mit derselben Masche wie in Marienborn zu versuchen, zumal mir die Firmenseniorin persönlich die Rechnung überreichte. Das Ersetzen eines gebrochenen Novotex-Stirnrades am Motor unseres Opel schlug mit 60,25 Mark zu Buche.

Auf der Landstraße kurz hinter Uelzen Richtung Lüneburg hatte der Motor nämlich plötzlich zu schnurren aufgehört und ein seltsames Geräusch der Fahrt ein Ende bereitet. Spritmangel lag nicht vor ... es musste etwas Ernstes sein. Ein mitfühlender Automobilist war so gut, uns beim Wenden zu helfen und uns zu Cordes abzuschleppen. In der Werkstatt hatte man bereits Feierabend gemacht.

Jetzt trat unsere bewährte Campingausrüstung noch einmal in Aktion. Denn einen Gasthof aufzusuchen, hätten wir uns nicht leisten können. Der nächstgelegene Zeltplatz lag am Oldenstedter See, zu welchem uns ein freundlicher Cordes-Opelaner hinzufahren erbot, um uns am nächsten Morgen dort auch wieder aufzusammeln.

Bei Cordes ließen wir als Anzahlung unsere letzten Scheine. Das verbliebene Kleingeld reichte danach nur noch für eine halbe Tankfüllung, aber der reparierte Opel lief wenigstens wieder und schaffte es mit dem letzten Tropfen Sprit gerade noch bis Hamburg. Von dort überwies ich Cordes die schuldig gebliebenen 30 Mark.

Zwei Monate noch tat der P4 brav das, was man von ihm erwarten durfte: Ich bewegte mich jeden Morgen mit ihm zu meiner neuen Arbeitsstelle

Unterwegs in Altona

in der Innenstadt und abends zurück zur väterlichen Villa in Othmarschen. Trotzdem muss mir das Auto etwas übelgenommen haben, wofür es sich rächte. Und zwar auf einer Fahrt nach Bremen. Ich habe vergessen, was der Zweck der Reise gewesen sein mag; sie fand am Sonntag, den 14. Oktober 1957 statt. Ich zockelte mit geöffnetem Verdeck Kilometer um Kilometer dahin, bis es einen fürchterlichen Schlag tat und jegliche Vorwärtsbewegung endete. Ich stieg aus und sah eine Ölpfütze unter dem Auto.

Wenige Minuten später entdeckte mich die Polizei, half mir den Opel auf die Standspur schieben und ließ ein Abschleppfahrzeug kommen, das meinen Wagen samt durchschlagenem Hinterachsgehäuse zurück nach Hamburg holte. 50 Mark kostete die Aktion. Und genau so viel gab mir nächstentags der Schrotthändler in Altona für meinen P4, den zu reparieren eine von mir konsultierte Opel-Werkstatt glattweg abgelehnt hatte. Dabei waren mehr oder weniger gut erhaltene Vorkriegswagen noch allenthalben auf den Straßen zu sehen, die Werkstätten lebten nicht schlecht von deren Defekten. Aber ein komplettes Differenzial samt durchgeschlagenem Achsgehäuse bei einem greisen Vorkriegswagen ersetzen – wie soll das denn gehen, Herr Schrader? Jaaa – wenn Sie uns alle notwendigen Teile beschaffen können ...

Ein nagelneuer P4, 1938. Noch lange blieb er mein Traumwagen!

Ich trabte also enttäuscht zum Schrotthändler zurück und kassierte die 50 Mäuse, verabschiedete mich vom zweiten Auto in meinem jungen Leben, machte von ihm noch ein Foto und war sehr traurig.

Nach einem DKW-Intermezzo legte ich mir abermals einen solchen Wagen zu. Dieser zweite P4 war ungleich besser als mein erster, wies nur leider keine Stoßstangen auf. Die ließ ich bei einer Kunstschlosserei nach eigenem Entwurf anfertigen und sogar verchromen. Anschließend verzauberte ich mittels spezieller Gummifarbe die Pneus des Wagens in Weißwandreifen. Sogar ein kleines, hochstaplerisches Adelswappen malte ich auf die Türen, mit einer winzigen Inschrift: otium cum dignitas. Zwar hätte es dignitate heißen müssen (»Ruhe mit Würde«), aber der Platz hatte am Ende nicht mehr für zwei Buchstaben gereicht. Und so fand ich denn eines Abends auch einen Zettel unter dem Scheibenwischer, auf welchem ein Lateiner mich auf den Lapsus aufmerksam machte ... Immerhin muss er sich der Mühe unterzogen haben, in der Hocke die winzige Goldbronzeschrift zu studieren.

Als ich den Wagen nach angemessener Zeit an meine Kollegin Graziela weitergab, musste ich wirklich kein schlechtes Gewissen haben. Bei Kilometerstand 91 613 hatte ich für 199 Mark und 26 Pfennig das Auto noch einmal durchchecken und auf Vordermann bringen lassen. Denn inzwischen hatte sich eine mir bereits bekannte Schwachstelle akustisch zu erkennen gegeben: die Hinterachse. »Ist doch ganz normal, dass die so singt«, beruhigte mich der Opel-Kenner Hermann Reimers. »Der Wagen hat doch fast 100 000 Kilometer drauf. Seien Sie froh, dass wir keine wirklichen Schäden gefunden haben!« Immerhin hatte man mich nicht an der Pforte abgewiesen, wie die Werkstattleute damals in Altona.

Graziela behielt den schwarzen Edel-P4 zwei weitere Jahre, und die melodischen Geräusche des Differenzials wertete sie als eine opeltypische Exklusivität.

FIAT 500 TOPOLINO, 1938:

Mit dem Cornichon auf der Corniche

Antje am Steuer des Topolino. Noch ohne Führerschein ...

Es war einmal ein Motorroller namens NSU Prima alias Lambretta. Mit dem hatte ich, um es in einem kurzen Satz auszudrücken, nicht viel Freude. Deshalb versuchte ich ihn auch in den ersten Januartagen des Jahres 1959 gegen ein kleines Auto einzutauschen. Ich war zu der Erkenntnis gelangt: Vierrädrige Vehikel lagen mir mehr als zwei- oder dreirädrige.

Mein angestrebtes Tauschobjekt fand ich bei einem NSU-Fiat-Händler vis-à-vis vom Güterbahnhof Frankfurt am Main, dem ich meinen Roller mit knochentrockenem Tank auf den Hof geschoben hatte. Das Auto, das man mir im Tausch anbot, war ein grasgrüner Fiat 500 Topolino, Baujahr 1938, mit roten Felgen, von mir später »das Cornichon« getauft; er sollte 750 Mark kosten. Meinen Roller nahm man

Wagenpfleger Axel Heye

für 500 Mark in Zahlung – das war ein herbes Verlustgeschäft, denn für ihn hatte ich erst zwei Monate zuvor 950 bezahlt.

Der Vierzylindermotor des kleinen grünen Autos hatte 570 cm³ Hubraum und leistete 13 PS. Das reichte für 85 km/h. Im Heck gab es genügend Platz für Gepäck; italienische Familien pflegten dort gelegentlich auch drei oder sogar vier kleine Kinder unterzubringen.

Die Schalensitze des Fiat waren in ihrer Verankerung ein wenig ausgeleiert; lehnte ich mich an, kippte ich nach hinten, also hielt ich mich am Lenkrad fest. Der lange Schalthebel zitterte während der Fahrt wie ein Lämmerschwanz, und beim Einlegen des ersten Gangs stieß ich mir die Fingerknöchel an der Kante der blechernen Armaturentafel wund. Es galt, sich an solche Dinge zu gewöhnen. Als Besonderheit verfügte der Topolino über

Campingurlaub mit dem Topolino im Fränkischen

einen Handgas-Bowdenzug, der es erlaubte, dass man bei längerer Gerade-ausfahrt den Fuß vom Gaspedal nehmen konnte. Er hatte übrigens ein weit nach hinten öffnendes Textil-Faltverdeck, war also eine Cabriolimousine, und eine effektive Heizung.

Ich entführte den Topolino umgehend nach Südfrankreich. Bis ich in Marseille bei meiner dort geduldig wartenden Ehefrau eintraf, hatte ich mich mit dem grünen Flitzer schon angefreundet und die Rückenlehne durch einen Holzkeil arretiert.

Antje und ich hatten damals ernsthaft vor, in Südfrankreich Fuß zu fassen und bewarben uns bei zahlreichen Agenturen und anderen Unternehmen um Jobs – natürlich erfolglos. Denn man benötigte als Nichtfranzose eine Arbeitserlaubnis und eine Aufenthaltsgenehmigung, die wir in Anbetracht einer hohen Arbeitslosenzahl nicht erhielten. Wir grasten mit dem Cornichon die halbe Côte d'Azur ab und lernten dabei die schönen Bergstraßen Moyenne Corniche und Grande Corniche kennen. Doch an den Türen, an die wir klopften, wurden wir freundlich abgewiesen. Graphiste? Un boulot? Nous regrettons ... Dabei war in Nizza Karneval, und man hätte ein paar Anstreicher für die bunten Wagen des Umzugs benötigt. Eine Tankfüllung um die andere verschwendeten wir, und das Benzin war in Frankreich sünd-haft teuer, wenn man keine Touristen-Coupons hatte. Vielleicht hätten wir

Schade, dass er immer wieder an Hinterachsschäden litt!

es mit dem Roller vier Wochen länger durchgestanden, bis wir unsere Pläne schließlich an den sprichwörtlichen Nagel hängten.

Unser Frankreich-Exil hatte nicht länger als zwei Monate gewährt. In dieser Zeit des schönen mediterranen Vorfrühlings verhielt sich das Cornichon recht brav, und im südlich-regen Verkehr kam das Auto bestens mit. Allerdings war zwischendurch ein Ölwechsel fällig geworden: Der kostete 650 Francs! Aber den kleinen Vierzylinder traf keine Schuld, dass wir das Experiment einer Standortverlegung abbrachen.

Experimente ganz anderer Dimension lagen noch vor uns.

Gruß aus Entenhausen

Meine beiden Topolini an der Frankfurter Günthersburgallee

Wieder in Deutschland, begann das Cornichon aber doch zu kränkeln. Erst trat ein Schaden am Differenzial auf, in dessen Folge auch die Kardanwellengelenke ausschlugen; weitere Defekte schlossen sich an. Es war dem Auto anzumerken: Im Süden hatte es sich wohler gefühlt. Aber noch den ganzen Sommer 1959 über behielten und hätschelten wir den kleinen Grünen und sprachen ihm gut zu.

Weniger schwierig als in Frankreich hatte sich die Suche nach neuen Jobs gestaltet. Und wir gewöhnten uns daran, dass mehr als die Hälfte unserer Netto-Monatsgehälter für Autoreparaturen draufgingen.

Bei aller Liebe zum Cornichon konnte ich der Versuchung nicht widerstehen, das Sparschwein ohne Boden gegen ein gleiches, jedoch als Roadster karossiertes Modell einzutauschen, wie es vor dem Kriege kurze Zeit von der Firma Weinsberg gebaut worden war, und vom dem ich hoffte, es sei mechanisch in besserem Zustand. Der Zweisitzer stand im Mai 1960 an einer Tankstelle in Frankfurt – unser Wohnort nach der Rückkehr aus Frankreich – für 750 Mark zum Verkauf, nicht mehr, als das Cornichon gekostet hatte. Noch nie hatte ich ein Exemplar dieser raren Spezies gesehen. In Zahlung nehmen wollte man das Cornichon allerdings nicht. Immerhin ließ sich der Tankstellenpächter darauf ein, mir den Roadster gegen eine geringe Anzahlung für acht Tage zu reservieren; derweil stellte ich mein Faltdach-Limousinchen an den Straßenrand mit einem Schild hinter der Frontscheibe: »zu verkaufen, 850 Mark, überholtes Differential«. Es fand sich jemand, der mir 650 bot. Der Weinsberger Roadster sah genauso aus wie jenes Auto, das Donald Duck in Micky-Maus-Heften gelegentlich zu fahren pflegte, nur dass es nicht rot war. Nicht bedacht hatte ich, dass die weit ausgeschnittenen, türlosen Seiten des Roadsters für jeden Unbefugten eine Versuchung darstellten, sich mal eben reinzusetzen, am Lenkrad zu zerren, oder Bananenschalen und anderen Abfall hineinzuwerfen. Das Auto unbewacht am Straßenrand abzustellen war trotz aufgezogener Spritzdecke über dem Cockpit ein Risiko, doch das Mieten einer Garage wäre zu teuer gekommen, und in der Nähe gab es sowieso keine.

Auch der Topolino Roadster hielt es nur eine begrenzte Zeitspanne bei mir aus. Wie es später noch häufiger der Fall war, verkaufte ich das Auto an einen Liebhaber, der einen Zettel mit seiner Telefonnummer unter den Scheibenwischer geklemmt hatte. Er sei dringend an meinem Wagen interessiert, falls ich ihn herzugeben bereit sei ... Und da ich mich 1959 durch mein Frankreichabenteuer in arger Geldverlegenheit befand, verkaufte ich das Auto für einen guten Preis an einen Topolino-Enthusiasten in Bruchsal.

LAGONDA 3-LITRE TOURER, 1931:

Unbekannte – aber liebens-
werte – Größe

Überführung des Lagonda von England nach Deutschland

B ei aller Liebe zu Fiat- und Opel-Veteranen stand mir in den Sechziger-jahren ebenso sehr der Sinn nach einem älteren, möglichst britischen Automobilklassiker nach Art eines Vintage-Bentley.

Als angehender Oldtimer-Enthusiast war ich Abonnent der in London erscheinenden, von Bill Boddy herausgegebenen Zeitschrift »Motor Sport«. Die Bekanntschaft mit seinem Korrespondenten Denis Jenkinson hatte ich Ende Januar 1962 in Monte Carlo gemacht, als dieser im gleichen Hotel am Boulevard de Suisse wie ich (es hieß »Les Palmiers«) abgestiegen war. Er hatte auf Korsika kurz zuvor die rechte Tür seines rechtsgelenkten Porsche 356 an einer Felswand lädiert und bekam nun das Schloss nicht mehr auf, musste also immer durch die linke Tür ein- und aussteigen. Ausgerechnet ich war es, der ihm helfen konnte, das Schloss wieder gangbar zu machen – mithilfe meines BMW-Bordwerkzeugs und einer Nagelschere. Der rote BMW 1500, mit dem Heiner, Jürgen und ich im Tross der Rallyeteilnehmer die Côte d'Azur angesteuert hatten, war das erste Exemplar der »Neuen Klasse«, das in Monte Carlo zu sehen war, und der Wagen sorgte für einiges Aufsehen. Damals gab es im Fürstentum noch keine BMW-Vertretung.

Denis Jenkinson (1955 war er Stirling Moss' Navigator in einem Mercedes-Benz SLR gewesen, mit dem sie die Mille Miglia gewannen) schrieb ich an mit der Frage, ob er mir einen seriösen Oldtimerhändler in London empfehlen könnte. Das könne er nicht, bekam ich zur Antwort – die meisten seien mehr oder weniger unseriös. Und bei denen, die einen guten Namen hätten, würde ich das Dreifache der marktüblichen Preise zahlen müssen. Also stöberte ich Ausgabe für Ausgabe den privaten Kleinanzeigenteil in »Motor Sport« durch und verglich immer wieder die Preise, die für meine Wunschautos verlangt wurden, mit den Zahlen auf meinen Kontoauszügen. In England gab es einen großen Markt für Fahrzeuge vor Baujahr 1939, mehr als 50 darauf spezialisierte Händler allein in London. Und Tausende von privaten Anbietern offerierten Autos ab Baujahr 1905 aufwärts ... Man musste die in Sterlingpfunden angegebenen Beträge damals noch mit Zehnkommasechs multiplizieren, um auf den D-Mark-Wert zu kommen. Ich war auf der Suche nach »meinem« Bentley aus den Jahren 1924 bis 1930. Er sollte fahrtüchtig sein und nicht erst instand gesetzt werden müssen. Solche Boliden bekam man in England für 400 bis 500 Pfund, also rund 4500 bis 5500 Mark. Waren sie toprestauriert, kosteten sie natürlich das Vier- bis Sechsfache.

Besonders gut war ich über die britische Automobilgeschichte noch nicht orientiert. Aber ich hatte eine Vorstellung, was ein Bentley Red Label, ein Vauxhall 30/98, ein Invicta oder ein 3-Litre Sunbeam für Autos waren. Und eines Tages entdeckte ich meinen Traumwagen tatsächlich in einer Kleinanzeige: »1927 3-Litre Bentley Vandenplas Tourer, good running order but needs some attention, £350.« Ich meldete sofort ein Ferngespräch nach Chichester an (ins Ausland selbst durchwählen war damals noch nicht möglich) und fragte den Herrn am anderen Ende: »Ist der Wagen noch zu haben? In zwei Tagen könnte ich drüben sein und ihn holen ... gegen Barzahlung, versteht sich!« – »Yes Sir, der Bentley ist noch da und steht zu Ihrer Verfügung, seien Sie herzlich willkommen! Wenn Sie die Hauptstraße in Chichester in Richtung Bognor Regis hinauffahren, sehen Sie links eine Fish-and-Chips-Bude. Wir haben bis zehn Uhr geöffnet. Fragen Sie nach mir, ich heiße Stephen Langton.«

Ich war sehr aufgeregt, denn mit einem vor 1930 gebauten Auto würde ich auch im Allgemeinen Schnauferl-Club einen ganz anderen Status haben als mit einem 1950er Citroën, den ich damals besaß und der ja noch zur

Interessiert und unbürokratisch: Aachener Zoll-Beamtenschaft

Wie hieß es doch? »… will need some attention …«

Kategorie »Gebrauchtwagen« gehörte. Es fuhren zwar auch andere Schnau-
ferlbrüder jüngere Autos, doch wer einen Wagen der Zwanzigerjahre oder
einen noch älteren bewegte, genoss höheres Ansehen. Nicht automatisch,
allerdings, denn dieses Ansehen musste man sich erarbeiten. So wie Georg
und Dieter Schlautkötter, die einen 1898er Wartburg restauriert hatten. Ihr
Veteran war der älteste in unserem Club.

Von München fuhr ich am nächsten Sonnabend per Bahn nach Oostende,
nahm die Fähre nach Dover und begab mich von dort mit dem Bus nach
Chichester, mit knapp 400 eingewechselten Pfunden in cash und zwei extra
dicken Pullovern im Kleingepäck. Kurz vor halb zehn Uhr abends stand ich
vor dem Fish-and-Chips-Imbiss, der sich stolz »Four Seasons« nannte. Bis
zehn Uhr geöffnet? Kein Licht brannte mehr. Es war eine feuchtkalte No-
vembernacht. Ich fand einen Klingelknopf und drückte ihn – keine Glocke
zu hören. Ich bummerte an die Tür. Nichts. Was nun? Ein Pub suchen und
nach einer Übernachtungsmöglichkeit fragen? Und würde Mr. Langton am
Sonntagmorgen seine Pommesbude überhaupt aufmachen? Ich kam mir
irgendwie verschaukelt vor …

Ein Auto hielt plötzlich am Bordstein, ein schwarzer Humber Super Snipe.
»Sind Sie Mr. Schrader? Ich bin Stephen Langton. Sorry, ich hoffe, Sie haben
nicht allzu lange warten müssen. Meine Frau hat das Café heute ein wenig
früher zugemacht …« Im ersten Stock, genau über der Chips-Fritteuse, gab
es eine winzige Kammer mit einem Feldbett. Hier möge ich es mir für die
Nacht bequem machen, sagte Mr. Langton. »Morgen komme ich so gegen
neun und bereite Ihnen ein Frühstück. Mögen Sie Kaffee oder lieber Tee? Ein
oder zwei Eier?« Das sei sehr freundlich, sagte ich, hätte aber erst einmal
gern den Bentley besichtigt. Mr. Langton ließ sich etwas Zeit, bevor er mir

Am Lenkrad des Lagonda legte ich einige Tausend Kilometer zurück

Klassisches Vintage-Design

den Tiefschlag versetzte. Der Bentley? Den habe er heute morgen jemand anderem verkauft. Aber soweit er sich erinnern könnte, wäre ich doch an dem
Invicta interessiert gewesen?

Invicta? Was für ein Invicta? Ich hatte doch am Telefon gesagt, dass ich
den Bentley kaufen wollte! Mr. Langton war die Situation peinlich: »Ich hatte
zugleich einen 4,5-Litre Invicta inseriert. Und einen Alfa Romeo-Sportwagen. Aber da muss ich wohl etwas durcheinander gebracht haben. Können wir das morgen früh besprechen? Es ist jetzt doch schon etwas spät für
so wichtige Angelegenheiten.«

Ich fand auf meinem Feldbett keinen Schlaf. Beim Licht einer matten
Glühbirne studierte ich die jüngste Ausgabe des »Motor Sport«, die ich mitgenommen hatte. Würde ich irgendwo im Süden Englands einen weiteren
Vintage-Bentley zu einem so günstigen Preis finden? Das war zwar nicht gerade wahrscheinlich, aber auch nicht unmöglich. Stephen Langton und sein
Partner Herbert King zeigten mir nach dem Frühstück ihre Kollektion ver-
käuflicher Boliden, auch den Invicta (»Den haben wir von der Insel Jersey geholt, Insider nennen ihn das Bügeleisen«) und den Alfa Romeo-Sportwagen,
ferner einen Riley Brooklands, einen MG K3, einen Alvis Speed Twenty, ein
Talbot-Lago Coupé. Die harmlos klingende Bemerkung »... needs some
attention« traf auf sämtliche Fahrzeuge zu, die sie mir zeigten. Zu teuer
waren sie sowieso. In Frage wäre eventuell der Invicta gekommen, doch gerade der war in einem katastrophalen Zustand und hätte ein Vermögen an
Restaurierungskosten verschlungen. Ich musste an Denis Jenkinsons Aussage denken.

Rückblickend lässt sich dennoch sagen, dass es ein Fehler war, den
Invicta, den MG K3 und den Alfa Romeo 6C 1750 glattweg zu ignorieren. Für
keinen dieser Wagen verlangte Langton mehr als eintausend Pfund. Freilich,

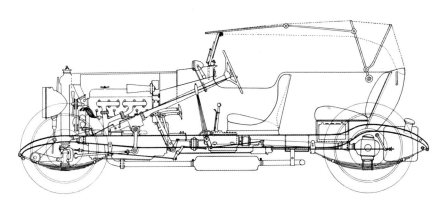

Schrader Kunstwerk: 3-Litre Lagonda Tourer als Schnittzeichnung

sie waren verlottert und reparaturbedürftig – sogenannte Scheunenfunde. Aber keine hoffnungslosen Fälle. Doch was ich suchte, war im Schuppen der Firma Langton & King nicht vorhanden. Also hätte ich wohl unverrichteter Dinge wieder nach Hause fahren müssen. Herbert und Stephen waren indessen tüchtige Vertreter ihrer Branche und ließen einen prospektiven Kunden nicht so ohne weiteres ziehen: »Wie wär's mit einem 3-Litre Lagonda Tourer? Der kommt einem Vintage Bentley am nächsten ... Und für 250 Pfund würde sich ein Bekannter von uns bestimmt von ihm trennen.«

Lagonda? Kennen Sie den ...?

Die beiden überredeten mich, mit ihnen am Nachmittag an Bord des Humber nach Crowborough zu fahren. Leider erwies sich, dass ihr Freund aushäusig war. Wir warteten auf seine Rückkehr bei einer Kanne Tee, die uns seine Gattin kredenzte, in einer Puppenstubenküche im Landhausstil von Laura Ashley.

Als der Herr des Hauses mit hereinbrechender Dunkelheit endlich aufgekreuzt war, begaben wir uns zu einem seiner vielen Garagenhäuschen auf dem Cottage. Mr. Foulkes-Halbard sperrte das Tor auf. Im Schein einer Taschenlampe – die Deckenbeleuchtung funktionierte nicht – räumten wir Gerümpel aller Art zur Seite: Fahrradrahmen und Motorradtanks, einen Bugattikühler, alte Reklameschilder, Gartengeräte. Endlich reflektierten zwei große Scheinwerfer das Licht der Taschenlampe. Wir hatten uns zu dem Lagonda vorgearbeitet. Ich war begeistert. Er wies Ähnlichkeit mit dem Wagen meiner Vorstellung auf, war ein offener Tourer mit Cycle wings, schwarz lackiert mit ein paar Spachtelstellen und hatte dunkelgrüne Lederpolster, deren Sitzflächen mit aufblasbaren Gummikissen versehen waren. Die großen Lucas-Lampen, der massige Kühler mit Schutzgitter-Rhombus,

TÜV-Abnahme ist erfolgt – die Prüfer waren fasziniert von der antiken Technik

die breiten Trittbretter, die 21 Zoll hohen Speichenräder mit Zentralver-
schlüssen – das hatte Stil. Ein wenig irritierte mich, dass es zwar links zwei
Türen gab, an der rechten Seite aber keine.

Der Wagen stehe schon seit einem Jahr in dieser Remise, sagte Mr. Foulkes-Halbard. Ja, er gäbe ihn her (womit Stephen Langton fest gerechnet

Mit dem Lagonda & Familie unterwegs in Südfrankreich

hatte). Nur starten ließe er sich nicht, weil die Batterie zu alt und der Magnet defekt sei. Wie Mr. Langton geschätzt hatte: 250 Pfund wollte der Mann für das Auto haben. Am liebsten hätte ich den Lagonda sofort mitgenommen, aber: »She needs some attention«, wie Mr. Foulkes-Halbard sich auszudrücken beliebte (hatte ich das nicht schon mal gehört?), und ich möge lieber in drei Wochen wiederkommen. Bis dahin würde er den Wagen startklar gemacht haben. Da sei nämlich, wie er sich erinnere, auch noch eine Kleinigkeit mit der Kupplung und auch mit dem Anlasser nicht ganz in Ordnung ... Also eine weitere Reise, das ging ins Taschengeld. Aber ich verdiente ja bereits ganz ordentlich und hatte mich in den Lagonda verliebt.

Ich nahm den Vorschlag an und hatte in der Zwischenzeit Gelegenheit, mich zuhause mit der Geschichte der Marke Lagonda auseinanderzusetzen. »Klingt irgendwie italienisch«, fanden meine Freunde. Aber dann las ich in David Scott-Moncrieffs »The Thoroughbred Motor Car«, dass Lagondas Chefkonstrukteur ab 1935 kein Geringerer als Walter Owen Bentley war! Das Buch hatte mir Mr. Foulkes-Halbard, den ich von jetzt an Paul nennen durfte, als Trostpflaster für den Aufschub verehrt. Mein 3-Litre Lagonda war zwar zu einer Zeit entstanden, als Mr. Bentley noch nicht für jene Firma tätig war, aber das schien mir nicht so wichtig.

»twen«-ChefRed Klaus Kulkies will's genau
wissen

Wie verabredet, erschien ich drei Wochen später, um das Auto abzuholen. Ich wurde von Freunden gefragt, warum ich nicht einfach mit einem größeren Pkw und einem Trailer den Wagen transportiert hätte. Wie sich später herausstellte, wäre das die bessere und auch preiswertere Methode gewesen. Ich sah aber eine sportliche Herausforderung darin, einen so alten Wagen auf eigenen Achsen selbst heimzufahren. Offiziell fungierte Langton als Verkäufer, und von ihm erhielt ich auch einen Verkaufsvertrag, der eigentlich nur eine Quittung war – über 95 Pfund Sterling. Zur Vorlage beim Zoll.

Alles schien in Ordnung; ich konnte mich ans Lenkrad setzen, den Anlasserknopf drücken, den Motor ein wenig warmlaufen lassen und losfahren. Der Sechszylindermotor hatte einen wundervollen Klang. Im Leerlauf drehte er etwa 400 Touren, bei Reisegeschwindigkeit im vierten Gang fühlte er sich bei 1800 am wohlsten. Höher als 2200 habe ich ihn auch später nie drehen lassen. Gewöhnen musste ich mich erst einmal an die Rechtslenkung, an die fly-off-Handbremse, das Gaspedal in der Mitte zwischen Kupplung und Bremse, an ein extremes Lenkungsspiel sowie an das Fahren ohne Scheinwerferlicht. Denn die gesamte Bordelektrik fiel unterwegs aus. Dank Magnet- statt Batteriezündung lief der Motor zwar weiter, aber Lucas, der berühmte König automobiler Finsternis, zeigte mir seine Allgegenwärtigkeit schon beim Verlassen des Fährschiffs in Oostende. Schiffsleute mussten helfen, den Wagen anzuschieben, und weil wir dafür ausreichend Platz benötigten, kam ich als letzter dran, nachdem alle anderen Fahrzeuge das Autodeck verlassen hatten. Dass ich bis zur wenig später einsetzenden Morgendämmerung ohne Scheinwerferlicht und ohne Rücklichter gen Brüssel rollte, fiel insofern niemandem auf, als die Autobahnen in Belgien, so auch diese, während der Dunkelheit hell beleuchtet sind. Da fuhr so mancher mit Standlicht ... Auf der bei Minustemperaturen absolvierten Heimfahrt nach München hatte ich also auf einiges zu achten: den Wagen nur bei Tageslicht zu fahren und ihn möglichst an Gefällstrecken zu parken, damit durch

Anrollenlassen der Motor wieder ansprang.

Gleichwohl schaffte ich es nicht, den Wagen gleich nach München zu bringen. Die Verzollungs-Formalitäten an der Grenze hatten viel Zeit gekostet, weil drei damit befasste Beamte es sich nicht nehmen ließen, den exotischen Oldtimer erst einmal gründlich zu inspizieren. Da es gegen 16 Uhr dämmrig wurde, konnte ich die Reise nicht lange fortsetzen. Im Rasthaus Neuwied nahm ich für die Nacht ein Zimmer. Aber am

DFB-Fußballstar Petar Radenkowic (»Radi«) mit München-60-Fan als Gäste in meinem Lagonda

kommenden Morgen wurde es nichts mit einem Start: Trotz Frostschutzmittel im Kühlwasser war die Wasserpumpe eingefroren, das Gehäuse dadurch geplatzt. Mir blieb nichts anderes übrig, als den Lagonda einer Werkstatt vor Ort anzuvertrauen und mit dem Zug heimzufahren. Abermals ohne mein neues altes Auto.

Das holten nach erfolgter Reparatur (in der Werkstatt des Deutschen Museums hatte mir Manfred Schwaiger eine komplette Wasserpumpe nachgefertigt) Heiner Emde und ich Ende Januar ab. Mit dem Gefühl großer Erleichterung konnte ich das Auto nun endlich in der Tiefgarage an der Plankensteinstraße abstellen. Sogar die defekte Lichtmaschine hatten mir die Leute in Neuwied instand setzen können.

So richtig im Topzustand war der Wagen aber – noch – nicht. Bevor ich ihn dem TÜV vorführte, wollte ich ihn wie aus dem Ei gepellt dastehen haben. Es folgte eine Toprestaurierung in mehreren Phasen, und durch Ivan Forshaw, den Cheftechniker des englischen Lagonda Club, bekam ich auch fast sämtliche Originalteile, soweit erforderlich. Ivan fügte jeder Sendung seitenlange, handgeschriebene Einbauanweisungen bei. Später besuchte ich ihn mal in Dorset, natürlich mit dem Lagonda. Das Auto taugte für zahlreiche Langstreckenfahrten, die mich und meine Familie unter anderem durch Irland und durch Südfrankreich führten, und es gab nie nennenswerte Schwierigkeiten.

1981 verkaufte ich den nun dunkelgrünen Tourer an den Sammler Hans Kaelin in der Schweiz. Fragen Sie bitte nicht, warum.

Auch Leichenwagen hauchen mal ihr Leben aus

Start zur Fahrt gen Irland im Lagonda und im Opel Blitz

Mit meinem Chef hatte ich mich darauf verständigen können, dass die Garage des ehemaligen Unterhachinger Rathauses, Stätte unserer nach Bayern verlegten Werbeagentur, allein mir zur Verfügung stand. Dort gedachte ich einen kürzlich erworbenen 1933er Audi unterzustellen, solange dessen Restaurierung noch nicht auf meiner Tagesordnung stand (weil es andere Prioritäten gab).

Leichenwagen?! Jetzt nicht mehr!

Man hatte mir zur Auflage gemacht, den Inhalt der gemieteten Garage ebenfalls zu übernehmen, und der bestand – naheliegenderweise – aus einem Auto. Und zwar aus dem ausrangierten Leichenwagen der Gemeinde. Bei seiner Übernahme sollte ich 50 Mark der Gemeinde spenden. Für einen fahrbereiten Opel Blitz Eintonner aus Erstbesitz, Baujahr 1938, mit nicht mehr als 28 000 Kilometern auf den Rädern war das ein mehr als angemessener Preis. Der kompakte, gut erhaltene 2,0-Liter-Opel reizte mich, daraus ein kleines Wohnmobil zu machen, doch ein professioneller Um- und Ausbau hätte viel Geld gekostet. Eine farbliche Auffrischung in Hell- und Dunkelblau, ein Teppichboden auf der Ladefläche und eine möglichst unkomplizierte Inbetriebnahme mussten reichen. Als mein Audi-Oldie von Düsseldorf mit der Spedition Strasser nach Unterhaching kam, musste der schwarze Opel aber erst einmal mit ein paar Quadratmetern auf dem Hof vorlieb nehmen, bevor ich ihn fit zu machen begann. Das geschah gemeinsam mit meinen Kollegen Heiner und Jürgen, und wir brachten den inzwischen in Handarbeit umlackierten Wagen ohne Schwierigkeiten auch durch die überfällige TÜV-Abnahme.

Im Sommer 1966 planten Jürgen und sein Freund Manfred, mit dem Blitz eine ausgedehnte Urlaubsreise zu unternehmen, doch die endete schon

Die Crew, die den Blitz wieder zum Leuchten brachte

kurz vor Würzburg. Das Differenzial des »Zuverlässigen« hatte irgendwo auf der Autobahn ein paar Zähne verloren, und durch das lädierte Gehäuse war Öl ausgelaufen. Sie kamen nicht einmal mehr bis zum nächstgelegenen Schrottplatz. Das Abschleppen dorthin kostete genauso viel, wie man dort für den Opel noch bot: 50 Mark. Aus der Traum.

Die Urlaubsfahrt fand – mit ein wenig Verzögerung – dennoch statt: in meinem Lagonda. Mit diesem hatte ich die Opel-Crew nämlich begleitet und war Zeuge des vorzeitigen Exitus unseres Prachtstücks geworden. Doch wenig später reute es uns, dass wir uns des Blitzwagens so unfeierlich entledigt hatten und versuchten nach unserer Rückkehr aus Irland, das Auto vor der Verschrottung zu retten. Zu spät: Man hatte es bereits zerlegt und ausgeschlachtet. Das Karosseriegehäuse soll als Hühnerstall einem zweiten (besser: dritten) Leben zugeführt worden sein, hieß es. Das war einst das Schicksal unendlich vieler Autowracks in aller Welt ...

Auch Jürgen Knauss hatte so seine Erfahrungen mit alten Autos ...

Trittbrett fürs Champagner-Picknick

Talbot 14/45 PS in Pauls Schmugglerparadies, Crowborough …

... und mit Münchner Zulassung

Mein schon vor Jahrzehnten nach Spanien ausgewanderter Freund Hanns-Otto Geigenberger, Kunstmaler der Münchner Schule und zeitweilig Besitzer eines der weltweit in nur sechs Exemplaren existierenden Bugatti Typ 101, befleißigte sich nicht nur hin und wieder der uneigennützigen Vermittlung exotischer Veteranenwagen unter Freunden, sondern unterlag selbst immer wieder der Versuchung, sich einen neuen Alten zuzulegen. Etwa ein Benjamin Cycle Car Baujahr 1923 (mehr Sitzbadewanne als Auto) oder einen ebenso antiken Lancia Lambda. Seine Söhne Michael und Mario haben von ihm die Passion für ausgefallene Autos übrigens geerbt.

Als ich ihm erzählte, bei Paul Foulkes-Halbard drüben im englischen Crowborough stünde ein schöner Talbot 14/45 hp von 1929 günstig zum Verkauf und dass dieser Wagen mich interessiere, hob er sofort den Finger: »Schrader, den möchte ich aber gern haben! Könnten Sie sich vorstellen, zurückzutreten?« Und es folgte ein langer Vortrag, warum gerade er und niemand sonst einen 1929er Talbot verdient habe. Zumal er seinen Lancia Lambda ja kürzlich an einen Clubkameraden verkauft hatte und sein Praga anno 1927 erst noch restauriert werden müsse. Aber das Auto aus Crowborough nach München holen: das sollte ich bitte sehr schon ...

Allein die Vorstellung, ein weinrotes Talbot Cabriocoupé auf eigenen Achsen durch halb Europa zu kutschieren, erfüllte mich mit Vorfreude, und ich willigte ein, den klassischen Sechszylinder im Namen Geigenbergers zu erwerben und zu überführen. Paul war es gleich, von wem er das Geld erhielt; das Auto kostete 250 Pfund Sterling. »Ich gebe dir ein paar Reserve-Stößelstangen mit«, sagte er noch, »wenn du zu hochtourig fährst, könnten sich die im Motor verbiegen, so etwas kommt vor ...« Sie verbogen sich nicht, die stricknadeldünnen, ungekapselten Stecken, aber ich achtete ja auch darauf, mit dem Motor möglichst schonend umzugehen. Die lange Autobahnsteigung bei Lüttich nahm der Wagen, als sei sie eine Ebene. Fabelhaft!

Der elegante 14/45 hp Talbot war ein hochbordiger Zweisitzer mit aufklappbarem Schwiegermuttersitz im Heck und seiner Erscheinung nach ein Baumuster aus der Zeit vor dem Ersten Weltkrieg. Die Kühlermaske, die Scheinwerfer und die Einfassungen der Instrumente im Armaturenbrett bestanden nämlich aus poliertem Messing, obwohl 1929 das Vernickeln und auch schon Verchromen blanker Teile am Auto längst üblich geworden war. Ein Auffrischen der Politur hatte sich Paul allerdings erspart; als ich das Auto in Empfang nahm, schimmerte das Messingblech eher in einem matt-stumpfen Ocker. Schlug man das Verdeck zurück, bekam der square rigger (Rahsegler, eine in England gern gebrauchte Bezeichnung für rollende Gewächshäuser solcher Art) eine sportliche Note.

Nach Bunty Scott-Moncrieffs Definition war dieser Talbot der perfekte Grand Tourer für den Gentleman: »Ein solches Fahrzeug muss über Tritt-bretter verfügen, die genügend Platz für zwei Personen bieten sowie für einen Picknickkorb samt Champagnerkübel zwischen ihnen, denn sich hinab auf den Boden zu begeben, selbst wenn es der Rasen im Schlosspark des Herzogs von Kent wäre, geziemt sich für Damen und Herren der Gesell-schaft nicht.«

Stilvoll breite Trittbretter hatte der Wagen allemal, und verzichtete man auf die Mitname von Schwieger- und anderen Müttern auf dem dickey seat, hatten im rückwärtigen Abteil gut und gern ein großer Picknickkorb nebst 20 Champagnerflaschen Platz.

Wo immer ich stoppte auf der Fahrt durch Belgien und Deutschland, er-regte ich Aufsehen. Manche Betrachter hielten den Wagen für ein französi-sches Fabrikat, was ja nicht grundsätzlich verkehrt war, aber dass es auch einen in London hergesellten Talbot gegeben hatte, wie sogar die Kühler-plakette verriet, überraschte dann doch die meisten. Auch die beiden freund-lich-interessierten Autobahnpolizisten, die sich dem Wagen mit englischen Kennzeichen bei einem Tankstellenhalt an der A3 näherten und versuchten, mit mir ein Gespräch auf Englisch zu beginnen – wohl in der nahe liegenden Annahme, der Fahrer des Autos müsse Brite sein.

Es war das erste Mal, dass ich einen eingeführten Wagen nicht an der Grenze deklariert hatte. Und ich war schon mit den unterschiedlichsten, im Ausland erworbenen Oldtimern unterwegs gewesen. Aber wir hatten Sonn-tag, und die Schalter für die gewerbliche Zollabfertigung an der Grenze hat-ten geschlossen; nur mit einem roten Überführungskennzeichen hätte ich weiterfahren dürfen. Es sei denn, ich wäre britischer Staatsbürger gewesen. Das Fahren mit ausländischen Kennzeichen, wenn der Wagen nicht zur blo-ßen Verbringung an den Zielort vom Zoll freigegeben worden war, galt als Steuerhinterziehung, wenn ein Deutscher am Lenkrad saß …

Ich hatte zwar einen grüne Haftpflicht-Versicherungskarte bei mir, aber kein rotes Kennzeichenpaar und deshalb also allen Grund, den freundlichen Polizeibeamten in meinem besten verfügbaren Englisch zu antworten, in der Hoffnung, sie würden nicht nach Papieren fragen. Das wäre sehr peinlich und wohl auch teuer geworden.

Sicherheitshalber kleidete ich meinen Vortrag zur Geschichte der Marke Talbot in vorgebliche Zahnweh mit einem Schal vor den Lippen ein. Und so wünschte man dem spleenigen »Engländer« auch bald gute Weiterreise und alsbaldige Besserung (»You better go to a Zahnarzt, Mister!«) sowie viel Erfolg auf der Oldtimer-Rallye, die im fernen Bayern mitzumachen ich noch dazugeschwindelt hatte.

Die Talbot-Story musste ich noch mehrmals vortragen, zum Glück nicht noch einmal auf Englisch. Ich wusste: Der Markenname war auf den Lord Shrewsbury and Talbot zurückzuführen, die Konstruktion meines Autos aber auf einen schweizerischen Ingenieur namens Georges-Henri Roesch, der vorher bei Renault und Clément tätig gewesen war. Er schuf in den frühen Zwanzigerjahren im französischen Talbot-Werk Suresnes bei Paris ein vor allem in England verkauftes Sechszylindermodell unter der Bezeichnung 14/40 hp, aus welchem der 14/45 hp hervorging, jetzt als Talbot-London bezeichnet. Der von ihm einige Male verbesserte Typ 14/45 hp mit 1665-cm³-ohv-Motor war innerhalb von nur sechs Monaten entstanden und erwies sich als ein Glücksfall. Er ließ sich nicht nur hervorragend verkaufen, sondern fuhr mit seinen 46 PS auch im Motorsport eine Anzahl beachtlicher Erfolge ein. Es hieß damals, der Wagen verfüge über exzellente Fahreigenschaften – was ich voll bestätigen konnte – und sei mit knapp 100 km/h (in der Serienausführung) auch verhältnismäßig schnell. Vorn wies das solide Chassis Halbelliptik- und hinten Viertelelliptikfedern auf, und mit einer großen Auswahl an Karosserien wurde man jedem Kundenwunsch gerecht. Den 14/45 hp stellte man bis 1932 her; er wurde dann zum Typ 14/65 und bis Mitte 1935 in fast 12 000 Exemplaren gebaut.

Ich hielt mich an jenem Sonntag für den schlimmsten Kriminellen, der auf deutschen Autobahnen unterwegs war, und atmete erleichtert auf, als ich, ohne angehalten worden zu sein, in München eintraf. Ich behielt das Auto noch einige Tage, um meinen Kollegen damit zu imponieren (siehe Trittbrett-Picknick), bevor ich es Geigenberger in der Adalbertstraße vor die Tür stellte, der auch die Verzollung und die TÜV-Abnahme durchzog. Er verfügte über bessere Kontakte als ich und kannte Schwierigkeiten in dieser Beziehung allenfalls von Hörensagen.

Zirkusnummer mit einem alten Elefanten

Der Chef-Maybach des Circus Krone trug noch seine alten Kennzeichen

Zum Hühnerhaus degradiert ...

In regelmäßigen Abständen trafen sich, wie es in Vereinen üblich ist, die Mitglieder des Allgemeinen Schnauferl-Clubs (ASC) in München zu einem Abendessen mit Gesprächen und Vorträgen, zum Austausch von Informationen und technischen Tipps. Beiläufig ließ Max Rauck, Kurator im Deutschen Museum und derjenige, der mich in die erlauchten Kreise des ASC eingeführt hatte, an einem solchen Abend verlauten, dass sich noch immer niemand um den schönen Maybach Zwölfzylinder von Papa Krone gekümmert habe, der seit zweieinhalb Jahrzehnten auf einem Bauernhof bei Augsburg vor sich hin dämmere ... Ein Maybach, der zur Disposition stand? Da wurde ich hellhörig.

Wenn mich der Wagen interessiere, solle ich mich doch mal an die Direktion des Circus Krone wenden, sagte Rauck. Carl Sembach sei der Direktor des weltbekannten Unternehmens, und der ehemalige Privatwagen seines Schwiegervaters verkomme langsam, aber sicher seit der Stilllegung Ende 1939. Sembach, ein ehemaliger Raubtier-Dresseur, war 1933 vom Circus Krone engagiert worden und hatte eines Tages die Tochter des Inhabers Carl Krone geheiratet. Der verstarb 1943.

Kurator Rauck avisierte mich bei Herrn Sembach im Krone-Winterbau an der Münchner Arnulfstraße. Doch weiter als bis zur Zirkuskasse kam ich nicht. Als ich mich dort einfand, um Vorlassung zum Chef zu erbitten, richtete mir die wasserstoffblonde und über mein Anliegen offensichtlich informierte Diva am Schalter aus, der Herr Direktor habe an der Angelegenheit kein Interesse, und wenn ich mich um den alten Maybach kümmern wolle, dann solle ich nach eigenem Ermessen handeln und das Wrack nur wegschaffen. Aber diese Arbeit dem Circus bitte nicht etwa berechnen. Sie gab mir die Adresse des Bauernhofes und beendete damit das kurze Gespräch. Ich stellte mir vor, wie sie, auf einem Bein stehend und das andere

Carlo Demand mit Fiat 509, 1926

in die Höhe reckend, im Glitzergewand auf dem Rücken eines Apfelschimmels die Manege umrundete und dabei mit einem Revolver dem Clown eine Nelke vom Hut schoss. Ob die eine Ahnung hatte, was ein Maybach war?

Ich hatte nichts Eiligeres zu tun, als Max Rauck Bericht zu erstatten. Das sollte sich als Fehler erweisen. Ich hätte nach der großzügigen Handlungsfreigabe, wie sie die Circus-Kassiererin mir angeblich im Auftrage Sembachs ausrichtete, den nächsten Abschleppunternehmer anrufen und mir das Fahrzeug sichern sollen – denn einen Maybach Zwölfzylinder bekommt man so bald nicht wieder geschenkt ...

Bei einer acht Tage später vorgenommenen Besichtigung des Wagens in einem halb offenen Schuppen, den er sich mit einem Dutzend Hühnern teilte, kam allerdings etwas Ernüchterung über mich, denn das von Erdmann & Rossi karossierte Pullman-Landaulet vom Typ DS7, schätzungsweise Baujahr 1930, war ein aufgebocktes, reifenloses Ungeheuer, dessen

Der von Carlo und mir gekaufte Fiat-Veteran hatte seinen Charme ...

Horch 375 Achtzylinder 1929 – eine Herausforderung

Restaurierung den Gegenwert eines Mercedes-Benz 300 gekostet hätte – nach meiner Taxierung jedenfalls. Heute würde ich sagen, der Spaß wäre noch teurer geworden.

Dennoch: Diesen Wagen wollte ich mir nicht entgehen lassen. Wenn nicht ich es war, der den Wiederaufbau dieses wunderbaren Auto zu finanzieren im Stande sein würde, sollte man dann vielleicht ein Team für diese Aufgabe gründen? Ich dachte an meine Freunde Albert Leonhard und Carlo Demand. Noch während ich hin- und herüberlegte, erledigte sich Frage von selbst. Denn als ich ein weiteres Mal an der Circuskasse vorstellig wurde, um Herrn Sembach ausrichten zu lassen, dass ich seine Offerte annähme und ein Stück Papier erbat, mit welchem mir die Vollmacht zum Abtransport des Maybach erteilt werde, musste ich die Nachricht verkraften: »Schon gut, mein Herr, Sie brauchen sich um das Auto nicht mehr zu kümmern. Das hat das Deutsche Museum bereits getan. Herr Sembach lässt seinen Dank ausrichten, dass Sie sich

Der Achtzylindermotor des Horch 375

1934er Mercedes-Benz Nürburg

engagiert haben ...« Meine blonde Kunstreiterin degradierte ich im Geiste zur Raumpflegerin im Elefantengehege.

Da war mir Max Rauck also zuvorgekommen. Mein auffälliges Interesse an dem Wagen musste ihn wohl nachdenklich gemacht haben; offenbar hatte er die Weitergabe des Tipps bereut. Aber nicht für das Museum hatte er mir den Maybach weggeschnappt, denn dieses hatte ein feines Exemplar dieser Marke bereits in seinem Bestand. Vielmehr war Rauck durch die kostenlose Überlassung des Wagens ein wertvolles Tauschobjekt in die Hände gekommen, nämlich für ein Exponat, das im Museumsbestand noch nicht vorhanden war – wie zum Beispiel ein unkarossiertes Schau-Chassis, das ein Sammler aus Bodnegg am Bodensee herzugeben bereit war. Dieses dem Museum auf dem Tauschwege vermachte Fahrgestell stand später zu Demonstrationszwecken in der Verkehrsabteilung auf der Museumsinsel, während das Zirkus-Wrack mit Erdmann & Rossi-Karosserie in einer Bodnegger Garage eine aufwendige Restaurierung erfuhr. Unter Liebhabern und Besitzern hochkarätiger Automobile waren und sind gegenseitige kostenlose Überlassungen, also bargeldlose Tauschaktionen von solchen Preziosen nicht ungewöhnlich. Leider hätte ich damals über kein Äquivalent verfügt, das dem Gegenwert des wertvollen Zirkus-Maybach entsprochen hätte; später übrigens auch nicht.

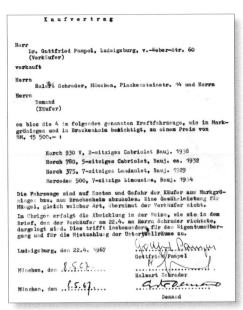

Vier Autos, zwei Käufer, ein Risiko …

Der vorstehend erwähnte Illustrator und Grafiker Carlo Demand war wie ich ein Autonarr. Dass wir später private Probleme miteinander bekommen sollten, tut hier nichts zur Sache. Bis dahin hatten wir viel Spaß an alten Autos, von denen wir uns einige gemeinsam zugelegt hatten, wie einen Fiat von 1926 und ein Quartett hochkarätiger Nobelwagen, auf die ich sogleich zu sprechen komme.

Carlo Demand galt als mindestens ebenso begabt wie Walter Gotschke, ist bei Kennern bestens bekannt und war in der Renngeschichte sehr bewandert. Viele Fahrer aus alten Zeiten hatte er persönlich kennengelernt. Carlo wohnte mit seiner Frau (sie bekleidete einen amerikanischen Offiziersrang) in der Nähe Münchens und ließ sich von mir eines Tages überreden, sich doch endlich seinen Traumwagen zuzulegen, den er sich seit langem wünschte: einen Jaguar XK 150S. Den Jaguar kauften wir bei einem gemeinsamen Ausflug nach London bei Coys of Kensington, das war eine der feineren Adressen für schicke Klassiker.

Jene Aktion, bei welcher Carlo und ich zusammenlegten, um uns einen Fuhrpark der besonderen Art zuzulegen, ergab sich aus einem Angebot, das mir ein Zahnarzt aus Ludwigsburg unterbreitete. Er hatte einen Horch von 1929 zu verkaufen, ein Landaulet Typ 375, das während des Krieges zum Feuerwehrwagen umgerüstet worden war. Das wertvolle Auto sollte 2500 Mark kosten. Das war zwar viel Geld, aber ein fahrbereiter Horch Achtzylinder mochte 1966 diese Summe allemal wert sein.

Jedoch: Dr. Pampel wollte das Auto nur demjenigen verkaufen, der ihm auch seine drei anderen Fahrzeuge abnahm. En bloc, zum Preis von ebenfalls 2500 bis 3500 Mark für jedes. Es handelte sich um zwei weitere Horch von 1932 bzw. 1939 und einen Mercedes-Benz Typ Nürburg von 1934.

Mich hatte die automobile Euphorie gepackt: Eine solch wertvolle Armada zum Schnäppchenpreis durfte man sich nicht entgehen lassen, und Carlo teilte diese Ansicht. Gemeinsam erwarben wir die vier Oldtimer, die – bis auf den ex-Feuerwehrwagen – nur geringer Aufarbeitung bedurften, um in ihrem Glanz von einst zu erstrahlen.

Jeder meiner Freunde und Bekannten musste mich jetzt für total übergeschnappt halten, zumal ich Mitte der Sechzigerjahre mindestens vier weitere Oldtimer in diversen Garagen stehen hatte, etwa einen 1930er MG, einen 1929er Riley, einen 1938er Opel Blitz, einen 1949er Triumph ... Carlo und ich überlegten schließlich, ob wir nicht vielleicht doch einen der vier Pampel-Wagen weiterverkaufen sollten. Würden wir den Horch Typ 780 Baujahr 1932 hergeben, könnte er uns so viel einbringen, wie wir dem Zahnarzt aus Ludwigsburg insgesamt bezahlt hatten, so kalkulierten wir.

Und so verfuhren wir auch. Das feudale Achtzylinder-Cabrio kaufte uns der deutschstämmige Besitzer einer privaten Radiostation im fernen Arizona ab, nachdem das Autohaus Mulfinger in Heilbronn den Wagen noch einmal komplett durchgesehen und, wo nötig, repariert hatte. Der Deal war kein ganz unkompliziertes Geschäft, mit Kreditbrief, Verschiffungs- und Versicherungs-Arrangements und so weiter. Carlo behielt dann das Landaulet (zumindest für die Dauer eines Jahres, ehe er ihn an den Kettenfabrikanten Dr. Thomas Dewald in Wuppertal verkaufte), und ich amüsierte mich mit dem V8 Gläser-Roadster Typ 930V und dem Mercedes-Benz Nürburg.

Der V8-Roadster war ein echter Hingucker in elegantem Beige, schwarz ledergepolstert und mit einem kernigen Sound. Der Wagen wies ein brillantes Fahrverhalten auf, beschleunigte flott und bremste gut. Seine edle Erscheinung animierte eher zum Langsamfahren; Hektik verbot sich von selbst. Die gigantische Mercedes-Fünfliter-Limousine mit Separationsscheibe hinter den vorderen Sitzen hingegen fuhr und lenkte sich wie ein Lastwagen – hier zeigte sich die Erfindung der Langsamkeit als werkseitig eingebauter Schrittmacher. Der Wagen roch wundervoll muffig im Fondabteil und damit nicht anders als unter der Motorhaube. Die reichlich durchgewetzten Polster der vorderen Sitzbank bewogen mich, den Wagen einem Fachmann

Der Horch 930V war das Sahnestückchen des Demand-Schrader-Deals

anzuvertrauen, der die maroden Bezüge durch neue ersetzen sollte. Gemeinsam suchten wir ein dunkelblaues Leder aus, dem Original weitgehend entsprechend, und einigten uns auf einen Preis. Der war nicht gerade niedrig – aber echtes Leder koste halt so viel wie echtes Leder, wurde ich belehrt.

Als ich den Nürburg drei Wochen später abholte, gab es eine Enttäuschung. »Ich habe statt des teuren Leders ein Kunstleder genommen«, eröffnete mir der Polstermeister – in der Annahme, mir damit einen Gefallen erwiesen zu haben: »Ihnen schien echtes Leder doch zu teuer zu sein, nicht wahr, und bei einem so alten Auto lohnen sich hohe Investitionen ja sowieso nicht ...«

Der Vollständigkeit halber: Den Horch V8 nahm mir ein Jahr später der Kopenhagener Auto Union-Importeur Bohnstedt-Petersen für sein Firmenmuseum in Billund ab, der Nürburg ging einschließlich seiner Kunstleder-Vordersitzbank in den Besitz eines Münchner Taxifahrers über. Beide Fahrzeuge hatte ich nur wenige Monate zugelassen gehabt, weil Steuern und Versicherungsprämien hoch zu Buche schlugen. Denn es gab ja damals noch keine ermäßigten Tarife für Oldtimer. Der Fiskus kassierte 15 Mark 50 pro 100 Kubikzentimeter Hubraum, der beim Horch 3,8 und beim Mercedes-Benz Nürburg fünf Liter ausmachte.

Ob wir mit dem Zirkus-Maybach als Gemeinschaftsprojekt glücklich geworden wären? Ich glaube nicht. Künstler Carlo emigrierte später in die Heimat seiner Ehefrau, und die stammte aus dem US-Bundesstaat Louisiana.

Opus (lat.) = Arbeit

Opus HRF: Großer Spaß auf kleinen Rädern

Rob Walker am Steuer des ersten Opus Hot Rod

Der britische Rennfahrer, Manager und Automobilkaufmann Rob Walker stellte im Herbst 1965 ein Baukastenauto vor, das als Spaßmobil zu verstehen sein sollte und nicht, wie die meisten anderen »Kit Cars« in England, als preisgünstiger Ersatz für einen »richtigen« Sportwagen. Eine ganze Reihe prominent gewordener Fabrikate hat sich aus dem Kit-Car-Business entwickelt, beispielsweise Dutton, Lotus und Marcos. Wer in Großbritannien ein solches Baukastenauto erwarb, musste keine Kaufsteuer entrichten, wie sie nach dem Kriege für fabrikfertige Autos eingeführt worden war, und da der Bausatz gewöhnlich alles enthielt, nur den Motor nicht, hatte der Käufer die Möglichkeit, sich nach eigenem Gusto das Antriebsaggregat selbst auszuwählen – meist holte er sich einen BMC- oder Ford-Vierzylinder von einem Schrottplatz oder bezog ihn aus einem Unfallwagen.

Baukastenautos gab es auch bei uns. Schon in der Frühzeit des Automobils. So brachte zum Beispiel eine Aachener Firma namens Fafnir im Jahre 1904 ein »Omnimobil« genanntes Patchwork heraus, bei welchem es sich um einen einbaufertigen Montagesatz von Motor, Getriebe und Antrieb für leichte Fahrzeuge handelte: eine frühe Version von Baukastensatz. Die Motoren waren zunächst Sechs-PS-Zweizylinder, später gab es auch Vierzylinder mit bis zu 16 PS. Ebenso bot Fafnir Fahrgestelle, Achsen und Lenkungen an, sodass man sich daraus ein komplettes Auto zusammenbauen konnte. Diverse Komponenten für diese Do-it-yourself-Autos gab es bei Fafnir bis 1910.

Und zu Zeiten des Opus HRF boten verschiedene Hersteller in Deutschland, in Belgien, in der Schweiz und in Frankreich Dune-Buggy-Kits an, meist amerikanischer Herkunft oder als Lizenzprodukte, die aus einem abgewrackten Volkswagen einen Freizeit-Käfer entstehen ließen oder irgendeinen anderen Gegenstand auf Rädern, an welchem sich beliebig viel Zeit und Geld verschwenden ließe. Es folgte eine Welle sogenannter Replicas als mehr oder weniger gelungene Plagiate etwa eines Porsche Speedster, eines MG TD oder Bugatti T.35, die man als Bausatz kaufen konnte, wobei viele für die Zweitverwendung einer VW-Käfer-Plattform vorgesehen waren.

Auch Rob Walkers Bausatz wurde wie die anderen Kits ohne Motor angeboten. Es gab lediglich eine Empfehlung: Das Chassis des Opus HRF war für einen 1,0-, 1,2- oder 1,5-Liter-Motor von Ford (Popular, Anglia, Cortina) ausgelegt. Das fertig zusammengesetzte Vehikel glich entfernt einem typisch amerikanischen Ford-T-Hot-Rod – daher auch die Bezeichnung HRF: Hot Rod Ford. Als Hersteller des Opus HRF firmierte Rob Walkers Corsley Garage Ltd. in Warminster, Wiltshire.

Der nicht gerade wunderschöne, aber doch sehr originelle Zweisitzer wies einen aus Stahlrohren zusammengeschweißten Leiterrahmen auf, made by Walker, eine badewannenförmige GFK-Karosserie in Weiß, Rot oder Blau ohne Türen und Motorhaubenseiten, eine hohe, senkrechte Frontscheibe, vordere Ford-Einzelradaufhängung einfachster Bauweise, eine Ford-Anglia-Lenkung und eine hintere Starrachse mit Teleskopstoßdämpfern wie vorn. Die hinteren Räder hatten die gleiche Größe wie beim Cortina Estate (Kombi), vorn gab es Räder kleinerer Dimension. Die Felgen wurden mit der Innenseite nach außen auf die Naben gesteckt, damit lagen die Bremstrommeln im freien Luftstrom. Viele Fans montierten auch breitere, sprich: »schnellere« – vor allem verchromte – Räder. Jeder Opus wurde individuell gestrickt, sei es mit seitlich herausgeführten Auspuff-Einzelrohren, sei es mit einem Kutschenverdeck oder einem Überrollbügel. Die Idee zu diesem Autos stammte von David Callister, Student der Ingenieurswissenschaften mit großer Bastelleidenschaft. Umgesetzt hat Callisters Vorstellungen sein Kollege Neville Trickett, ein Konstrukteur, der zugleich British-Leyland-Vertreter war und sich einen Namen als Spezialist für Renn-Minis (»MiniSprint«) gemacht hatte. Populärster Fahrer auf diesen modifizierten Kleinwagen war Tricketts Partner Geoff Thomas. Callister wurde »Production Supervisor« und sorgte auch für die Publicity, die jedes neue Produkt nun einmal braucht.

Etwa 250 Opus-Bausätze fanden Käufer, und einer von denen war 1967 die Redaktion des Magazins »twen«, die ich dazu animiert hatte. Ich glaube nicht, dass ein zweiter Opus HRF je in der deutschen Zulassungsstatistik aufgetaucht ist. In Einzelabnahme hatte Callister-Walker-Tricketts Hot Rod den TÜV-Segen erhalten. Mit einer Lenkrad-Kette plus Sicherheitsschloss

Für den Zusammenbau des Opus gab es keine Gebrauchsanweisung

als Diebstahlsicherung, die nun einmal obligatorisch war – aber wohl niemals verwendet wurde. Wer würde schon einen Opus HRF stehlen wollen?

Ich habe das Auto nicht etwa selbst zusammengebaut; diesen Job übernahm im Verlauf des Winters 1967/1968 Heinz Wolf, und die vielen Stunden, die er darauf verwendete, musste ich ebenfalls nicht bezahlen, denn das ganze Projekt war ja Thema jenes Beitrags im Magazin »twen«. Dort konnte man in der 1968er Juliausgabe lesen, es hätten drei Redakteure des Blattes unter Mithilfe eines Profis den Opus zusammengesetzt ... Heute, annähernd fünf Jahrzehnte später, darf ich beichten, dass diese Angabe nicht ganz den Tatsachen entsprach. Der Chefredaktion war daran gelegen (ganz im Sinne Callisters und Walkers), das Projekt so darzustellen, als ob so gut wie jeder Laie imstande sei, ein Auto aus dem Baukasten zusammenzufummeln.

Viel Spaß für wenig Geld und zerschundene Fingerknöchel

Die Wahrheit: Zu keiner Zeit haben sich des Schraubens mehr oder weniger kundige Redakteure in den Werkstatträumen des »Profis« irgendwelche Fingernägel schmutzig gemacht, geschweige denn abgebrochen. Wohl fanden sich gelegentlich einige Kollegen am Tatort ein, um sich nach dem Fortgang der Arbeit zu erkundigen, aber Meister Wolf hätte sich eine Einmischung ganz gewiss verbeten, schon aus Haftungsgründen.

Zum Glück hatten die Verlagsmanager sich und mich nicht auf ein bestimmtes Budget festgelegt, denn es war ein Ding der Unmöglichkeit, den Aufwand im Voraus zu kalkulieren. Es gab nur zwei feste Größen: den Preis des Bausatzes (340 Pfund Sterling, damals 3500 D-Mark, zuzüglich 14 Prozent Zoll auf den Motor und 22 Prozent auf Chassis und Zubehör) und die Kosten für dessen Transport von Weston-super-Mare – 50 km südwestlich von Bristol – nach München. Und der war mindestens ebenso abenteuerlich wie die Prozedur des Zusammenbaus, den Meister Wolf in der Pestalozzistraße zu München mit seinem Lehrbub, zugleich sein Sohn, ohne jegliche Anleitung durchführte. Das heißt, eine solche Anleitung hätte es auch gar nicht geben können, denn Kit Cars durften in England nur ohne eine solche verkauft werden! Und hätte ein »Instruction Manual« existiert, dann wohl nur auf Englisch, womit es für Heinz Wolf wenig nützlich gewesen wäre, denn wenn er eine Fremdsprache beherrschte, dann war es nur die sächsische.

Ich wundere mich noch heute, dass meine Auftraggeber bei »twen« sich auf eine solche Unwägbarkeit eingelassen hatten. Aber das Alltägliche war sowieso nicht ihr Ding. »twen« hatte nie ein Problem, Tabus zu brechen oder das Absurde Realität werden zu lassen.

»Schrader, fahr los und hol' den ganzen Krempel mal her, das gibt eine schöne Story. Du darfst dir für den Transport auch einen unserer Vertriebs-Lieferwagen nehmen. Aber bring ihn ohne Schrammen am Montagmorgen wieder zurück!«

Passt ein kompletter Hot Rod, wenn auch in Einzelteilen, in einen Ford Transit? Einschließlich Fahrgestell? Wird sich zeigen, sagten wir uns, zumal das Fahrerhaus keine Trennwand zum Frachtraum aufwies. Wir: das waren meine Kollegen Jürgen, René und ich. Um keine Missverständnisse entstehen zu lassen: bei René handelte es sich um eine junge Dame, eine Arbeitskollegin. Sehr hübsch, sehr blond, sehr ledig. Und couragierte Renault-Gordini-Besitzerin war sie auch.

Auf der Hinfahrt machten wir bei meinem Freund Paul in Crowborough Station, informierten uns über interessante Neuzugänge seines Oldtimer-

Im Magazin »twen« machte der in München zusammengeschraubte Opus eine gute Figur

Angebots und staunten über skurrile Fabrikate, von denen wir noch nie etwas gehört hatten. Greta gab sich große Mühe, die Gäste kulinarisch mit einem Hammelfleischauflauf und rosa Pudding sowie Cheddar Cheese und Tee mit Ingwergebäck zu verwöhnen und vermochte das Rätsel nicht zu lösen, wem sie denn nun das Mädchen René zuordnen sollte. Jürgen und ich ließen sie darüber im Unklaren. Paul schien es nicht zu interessieren. Für ihn war unser Ford Transit viel wichtiger: »Sieht gut aus. So einen werde ich mir auch anschaffen!« Das tat er auch.

Alles, was zu dem spartanischen Opus gehörte, verstauten wir an einem kühlen Sonntagmorgen in den geliehenen Kastenwagen; mit List und Tücke ging auch die Karosserie hinein. Sie saß in einem maßgeschneiderten Holzkäfig. Auch Vorder- und Hinterachse befanden sich in hölzernen Boxen. Nicht zum Auftragsumfang gehörten Rückspiegel, Blinkleuchten, eine Batterie und ein Verdeck. Alle mechanischen Komponenten waren Ford-Neuteile aus diversen Modellregalen.

Nur beim Motor handelte es sich um ein gebrauchtes Aggregat. Ich hatte Callister bei der Auftragserteilung gebeten, einen solchen plus Getriebe für uns aufzutreiben. Um den zu verfrachten, benötigten wir allerdings einen Hubstapler, zumal René sich verständlicherweise weigerte, auch nur ein einziges PS des öltriefenden Vierzylinders anzufassen. Es handelte sich um einen 1,2-Liter vom Ford Cortina; einschließlich Vergaser, Anlasser und Lima stellte man ihn mit 50 Pfund in Rechnung: fair enough. Den

Quo vadis? Als Werbefahrzeug auf der Leopoldstraße

Sonntagseinsatz eines Hubstaplers und dessen eigens herbeitelefonierten Operateurs Johnny berechnete man nicht.

Das Chassis aber stellte dann doch ein kleines Problem dar. Es ließ sich neben der Opus-Karosserie nur verstauen, wenn wir es wie diese hochkant stellten, wobei es von den hinteren Türen des Transit bis fast an die Windschutzscheibe reichte und damit den Fahrer von seinen Beifahrern separierte. Exakt linear mittig konnten wir das Trumm sowieso nicht unterbringen, wir mussten es in einem Winkel zum Fahrersitz hin einfädeln und behelfsmäßig fixieren; so blieb den beiden Beifahrern etwas mehr Platz als dem Chauffeur. Für diesen war das nicht gerade vorteilhaft, vor allem aber befand sich der Schalthebel außerhalb seiner Reichweite! Das bedingte eine Arbeitsteilung unter Einhaltung eines genauen Abstimmungs-Procederes: Der oder die mittig – über dem Getriebe des Transit-Frontlenkers – sitzende Beifahrer(in) hatte auf Zuruf zu schalten, wenn der Fahrer die Kupplung betätigte ... Und die Gänge mussten häufig gewechselt werden. Parkmanöver, das Einfahren in die Autofähre, das Stop-and-Go an den Kontrollen, An- und Abfahrt an Tankstellen: überall Teamwork Schrader-Jürgen-René. Es funktionierte gut, bedeutete aber auch, dass keiner der Beifahrer die Chance hatte, unterwegs ein wenig zu schlafen oder auch nur zu dösen, denn vor allem der/die mittlere musste ja alle Fahr- und Verkehrssituationen genauso reaktionsschnell erfassen wie der Fahrer selbst; es gab unendlich viele Schaltvorgänge auszuführen. Die Bedienung von Heizung, Radio und so

Niemand brauchte ihn, aber jeder liebte ihn ...

weiter oblag ebenfalls dem Mittelsitzer. Alle Stunde oder so wechselten sich die Herren des Teams am Lenkrad ab. Es blieb während der gesamten 1400 Kilometer spannend.

Wie Zoll- und andere uniformierte Beamte unsere stets eingehend inspizierte Fuhre an den Grenzübergängen kommentierten, gebe ich im Einzelnen hier nicht wieder. Wir alle drei säßen möglicherweise noch heute hinter Gittern, wären ihre Befürchtungen eingetroffen, vor allem die eines Gesetzeshüters in Aachen-Koepchen: »Wenn man euch mit dieser ungesicherten Fracht erwischt, Kinder, dann gnade euch Gott – ich drücke jetzt noch mal ein Auge zu, weil heute Sonntag ist, aber ich habe euch gewarnt ...«

Bonuspunkte mag es durch die Anwesenheit unserer blonden René und deren fröhlichem Charme gegeben haben. Dabei war das gar nicht einmal einkalkuliert gewesen, ehrlich! Dass wir mit unserer Fracht an einem Sonntag die Grenze passieren durften, obwohl es sich doch offensichtlich um kommerzielles Deklarationsgut handelte, verdankten wir ebenfalls dem

Wohlwollen einer mitfühlenden Zöllnerseele: »Ich tu' jetzt einfach ma' einen Stempel auf eure Einfuhrerklärung hau'n ... aber zu Hause sofort beim Zollamt vorfahren, hört ihr, woll? Sofort!« Freilich hörten wir's, unterließen es dennoch und schoben die Erledigung der Verzollungsformalitäten der »twen«-Redaktion zu, wann immer man dort dieser Pflicht nachkommen würde. Und hier beichte ich die zweite Unwahrheit, die wir damals den »twen«-Lesern servierten. Denn wir haben nicht »am Schlagbaum runde 1000 Mark« bezahlt. Wir kamen mit dem abgestempelten Formular T2 durch. Manchmal hat man ja die Chance, sich zu einem späteren Zeitpunkt zur wahren Wahrheit zu bekennen – hier und jetzt rücke ich mit ihr heraus.

Nun, wir »Kinder« erreichten reichlich übermüdet, aber unbehelligt und ungestraft unser Ziel und konnten die aus gut dreihundert Einzelposten bestehende Ladung am Montagmorgen Meister Wolf vor die Füße schütten. Er war not amused. Aber er hatte ja nun einmal bindend zugesagt, aus den Opus-Teilen ein autoähnliches Objekt entstehen zu lassen. Selbstverständlich hielt er sein sächsisches Ehrenwort. Und kümmerte sich auch um die TÜV-Abnahme. Den in »twen« am Opus erkennbaren Kennzeichen begegnet der aufmerksame Leser vielleicht auch an einem anderen Auto, woraus erhellt, dass die Nummernschilder für die Fotos zum Artikel von einem anderen Auto (meines damaligen Fuhrparks) geliehen waren. Die Zulassung des Opus erfolgte nämlich erst nach Redaktionsschluss. Alle Probefahrten hatten mit einem roten Vorführ-Kennzeichen stattgefunden.

Was aus dem Opus HRF nach seiner Fertigstellung geworden ist, entzieht sich meiner Kenntnis. Eine Weile diente er »twen« zu Werbezwecken und wurde von Redaktions-Youngstern durch München gefahren. Ich erinnere mich, dass Heinz Wolf & Sohn darum baten, ihnen solch verrückte Jobs nicht noch einmal zu vermitteln: »Wir haben uns gar nicht getraut, die echte Stundenzahl in Rechnung zu stellen. Hätten wir geahnt, auf was für eine Heidenarbeit wir uns da eingelassen haben ...« Die beiden hatten wirklich Wichtigeres zu tun. Sie betreuten zum Beispiel die Rennfahrzeuge ihres Kunden Poldi, auch bekannt unter seinem richtigen Namen: Leopold Prinz von Bayern.

Jede Farbe, sofern es Schwarz ist

Der Citroën 15-six auf dem Hof des Schlosses Hohenlohe-Langeburg

Von den frühen Sechzigerjahren an reise ich alle paar Monate nach Paris, teils aus geschäftlichen Gründen, oft auch privat. Anlässe gab es genügend, auch in den späten Neunzigern noch: Besuche bei Autoverrückten, Autohändlern, Autosammlern und Redaktionen, Besichtigung von Ausstellungen und Betrieben, Beteiligungen an Messen, Geschäfte mit Buchverlegern. Das Verkehrsbild der Riesenmetropole ist noch heute für viele Überraschungen gut, aber damals hat es mich doch sehr beeindruckt, wie viele Vorkriegsautos noch auf der Straße waren: vom Citroën Trèfle bis zum Georges-Irat, vom Peugeot 201 bis zum Renault Primastella. Auf den Parkplätzen standen betagte Simca, Panhard, mal auch ein Rosengart oder ein Amilcar. Die Früh- und Mittfünfzigerjahre waren besonders stark vertreten, klar. Am meisten faszinierten mich die zahlreichen, häufig schwarz lackierten Traction Avant, die ich wegen ihres klassischen Erscheinungsbildes sämtlich ebenfalls für Vorkriegsmodelle hielt, bis mein in Paris lebender Freund Paul Niedermann mich aufklärte, dass diese schier unkaputtbaren Frontantriebsautos noch bis 1957 gebaut worden seien. Nur ein Kenner vermöge die Unterschiede zu sehen.

Diese Aufklärung löste in mir einige Unruhe aus. Einen relativ jungen Wagen dieser Bauart, die sich vom 1934er Design nur geringfügig unterschied und eine entsprechend ausgereifte Konstruktion darstellte – so einen wollte ich mir unbedingt zulegen. Denn von der Frontantriebs-Weltanschauung war ich ohnedies überzeugt. Ich bat eines Tages Paul Niedermann, die Augen offen zu halten und mich zu verständigen, falls ein guter, aber bitte sehr doch recht preisgünstiger »Gangsterwagen«, wie man ihn gern nannte, zum Verkauf stünde. Aber: Es sollte einer der etwas selteneren Sechszylinder sein. Umso einfacher, meinte Niedermann: die gälten wegen ihres stärkeren Motors nämlich als unwirtschaftlich und seien in Frankreich wegen der extrem hohen Benzinpreise günstiger zu haben als die populären Vierzylinder.

Wie günstig, bewies er mir in einem Telefongespräch Anfang Februar 1968. Ein Garagist namens Jean Gouali, aus Marokko stammend, habe einen

15-six Baujahr 1950 mit knapp 80 000 km aus erster Hand zu verkaufen. Der Besitzer habe, als betagter Sonntagsfahrer, seinen Führerschein abgegeben, und wenn ich mich rasch entschlösse, könnte ich die schwarze Limousine für 200 Francs bekommen.

200 Francs – das entsprach damals 150 Mark. Was für ein lächerlicher Betrag für einen intakten, angeblich unfallfreien und fahrbereiten 15-six vom Erstbesitzer! Ich sagte deshalb zu und kaufte mir eine Fahrkarte für den nächsten Nachtzug von München nach Paris, um mir diese Okkasion nicht entgehen zu lassen. Ich nahm die mittels einer neuen Batterie (die kostete fast ebenso viel wie das ganze Auto) und einiger kosmetischer Eingriffe innerhalb zweier Stunden fahrbereit gemachte, seit vielen Monaten stillgelegte und etwas muffig riechende Limousine in Empfang, berappte den Kaufpreis gegen eine ordentliche Quittung – und hatte Bedenken, ob der deutsche Zoll den niedrigen Wert anerkennen würde.

Ich hole nach zu erwähnen, dass ich in Begleitung jener jungen Dame namens René nach Paris gereist war, der Sie bereits auf der Fahrt nach Weston-super-Mare begegnet sind. Im vergangenen Herbst hatten wir dort das Opus-Baukastenauto abgeholt.

Am frühen Nachmittag starteten wir nach einem Bummel über die Champs Elysées zur Heimreise nach München. Auf diese möchte ich näher eingehen.

René auf dem Nebensitz freute sich mit mir: »Schön, Sie so fröhlich zu sehen, Herr Schrader, aber hat der Wagen denn keine Heizung? Mir ist kalt ...«

Weihnachten vor der Tür: Mila schaut mal eben nach den Kerzen

Es hatte zu regnen begonnen, und der Regen verwandelte sich bald in ein Schneegestöber. In Paris hatte noch vorfrühlingsmäßig die Sonne unser Vorhaben beschienen. Doch der Sechszylinder fuhr sich dank Vorderradantrieb auch auf verschneiter Straße sicher und angenehm, so wie ich es erwartet hatte. Der 76 PS starke Motor hörte sich an wie der eines viel größeren Wagens. Ich fühlte mich am Lenkrad meines ersten Citroën ausgesprochen wohl.

24. Februar 1971: Hochzeitstag!

Ich war es von früher her gewohnt, Autos ohne ausreichende Heizung zu fahren. Aber René fror, und sie tat mir leid: Anzeichen einer Erkältung hatte sie schon bei unserem Stadtbummel gezeigt. Für die Jahreszeit war sie nicht optimal angezogen. Dafür besonders schick: Wenn man schon mal mit dem Chef nach Paris fährt ...

Vielleicht verfügte der Citroën ja über eine Wagenheizung, und ich verstand nur die dafür zuständige Hebelei nicht zu bedienen. Meine andeutungsweise vergrippte Beifahrerin klapperte jedenfalls mit den Zähnen und absolvierte die Reise jetzt im Schneidersitz kauernd, ihren Sommermantel um sich gehüllt. Der Wagenboden strahlte eine fürchterliche Kälte ab, und da das Mädchen trotz der kühlen Jahreszeit einen Minirock trug, muss ihr die Kälte ganz schön in die Beine gestiegen sein. Zu sehen gab es draußen auch nicht viel, denn die Scheibenwischer waren anfangs nicht zur Arbeitsaufnahme bereit und bewegten sich nur millimeterweise – bis es irgendwann »klack« machte und sie danach ihre Pflicht auf vorschriftsmäßige Weise taten.

Bei einem Zwischenhalt versuchte ich die Heizungsfrage zu klären. Ich öffnete die linke Hälfte der Motorhaube und konnte feststellen, dass im Motorraum eine angenehme Temperatur herrschte. Doch auf welchem Wege die Wärme dazu veranlasst werden könnte, sich dem Fahrzeuginneren mitzuteilen, war nicht erkennbar. Erst zu einem sehr viel späteren Zeitpunkt wurde ich aufgeklärt, dass es eine Warmluftzuführung vom Kühler zum Fußraum in Gestalt zweier Rohre länglichen Durchmessers gab, die aber ein Sonderzubehör darstellten. Und bei meinem Fünfzehner waren die

Mila und ihre Favoriten: Schwarze Franzosenautos mit Frontantrieb

nicht vorhanden. So verschwendete der Sechszylinder seine Wärme eben an die ostfranzösische Winterlandschaft, ohne dass wir sie hätten für uns nutzen können. Eine von unten her warmgepustete René hätte sicher zu meiner Unterhaltung einiges Fröhliche beigetragen, so aber blieb es beim Bibbern und Zähneklappern.

Als es Abend wurde, waren wir bis in die Gegend von Nancy gekommen, großenteils auf Landstraßen, denn das französische Autobahnnetz war 1968 noch längst nicht so flächendeckend wie heute. Es stand eine Übernachtung an, und zwar in einem Gasthof, der nur über ein einziges Fremdenzimmer verfügte. Diese Auberge befand sich gleich neben einer Tankstelle, die ich angesteuert und wo ich nach einem Quartier gefragt hatte. Die Herberge war ein kleines Gebäude mit einem winzigen, plüschmöblierten Gastraum, und man war gerade dabei gewesen, zu schließen, weil der letzte Zecher soeben seinen Platz an der Theke verlassen hatte. Es war gegen 19 Uhr.

René und ich teilten uns das *grand lit* in dem zur Verfügung stehenden Zimmer – nicht. Die Wirtin zeigte allerdings wenig Verständnis für meine Bitte, in der Gaststube auf dem Sofa schlafen zu dürfen: »Ja, haben Sie sich denn mit Mademoiselle verkracht? Gerade dann sollten Sie jetzt nett zu ihr sein« Aber schon das Risiko, durch eine engere Nähe als die, mit der wir im Auto nebeneinander saßen, sich Renés Erkältung zuzuziehen, schloss jeden Gedanken an eine Alternative aus. Und wahrheitsgemäß erklärte ich unserer

Wirtin, dass wir nicht verkracht, aber eben kein Pärchen auf Kuscheltour seien. Ob sie verstand, was ich zu vermitteln versuchte, weiß ich nicht, mein Französisch war ein wenig holprig … Jedenfalls durfte ich auf dem Sofa in der warmen Gaststube nächtigen, während meine Begleiterin im leider ungeheizten, ungemütlichen Fremdenzimmer untergebracht wurde. Immerhin setzte man uns vorher einen deftigen Gemüse-Eintopf vor, und den halben Liter Roten ließen wir auch nicht stehen. René bekam glasige Augen und sprach nicht viel. Eigentlich gar nicht. Vielleicht hätte unser erster gemeinsamer Citroën-Tag einen anderen Abschluss gefunden, hätten Körperwärme und Herzenswärme ein vergleichbares »Ranking« gehabt. Hatten sie aber nicht.

Nach einem kargen Kaffeefrühstück setzten wir die Reise nächstentags fort, wie sie begonnen hatte: heizungslos, mit der tiefgekühlten Gangsterbraut René im Gangsterwagen neben dem Gangster im Schneidersitz. In der Nacht habe sie trotz der Kälte im Zimmer furchtbar geschwitzt, sagte sie mit belegter Stimme. Bei mir war es umgekehrt: Ich hatte gefroren, obwohl die Gaststube leidlich temperiert gewesen war. Der weitere Verlauf der Reise vollzog sich ohne erwähnenswerte Zwischenfälle.

Zum Glück. Denn ich bewegte mich reichlich illegal durch George Pompidous Republik, was seine Nachfolger mir inzwischen hoffentlich verziehen haben. Der Citroën war in Frankreich nämlich weder versichert noch versteuert, denn Gouali hatte ihn abgemeldet gehabt. Das hatte er mir vorher mitgeteilt. Deshalb hatte ich für das Fahren auf französischen Straßen zwei deutsche Fantasie-Nummernschilder gemalt, deren Farbe zum Glück weder Regen noch Schnee abwuschen (was meine große Sorge gewesen war), in der Hoffnung, dass uns die Gendarmerie nicht kontrollieren würde. Damals waren ältere Citroën-Limousinen – zumindest die Vierzylindermodelle – noch keine ungewöhnliche Erscheinung in Frankreich, sie galten als etwas betagte, aber gute Gebrauchtwagen. Für die Fortsetzung unserer Reise auf bundesdeutschem Gebiet hatte ich immerhin – echte! – rote Kennzeichen im Gepäck (die in Frankreich ja leider nicht anerkannt wurden) sowie eine Versicherung abgeschlossen.

Außerhalb Straßburgs, kurz vor der Rheinbrücke mit dem Grenzübergang zu Deutschland, hielt ich an und entfernte meine getürkten Pappnummernschilder, schraubte die roten Überführungskennzeichen fest und hoffte, dass mich auf den letzten Metern auf französischer Straße dieserhalben niemand mehr behelligen würde. Tatsächlich: Man winkte mich emotionslos durch, und auf der deutschen Seite war ich mit meinen legitimen

Kennzeichen erst recht kein Fall für irgendein kritisches Aufsichtsorgan. Erleichtert rollte ich unbehelligt in die Deutsche Bundesrepublik hinein, kaufte am Kiosk des Grenzparkplatzes eine Tüte Eukalyptusbonbons für René und machte, dass ich weiterkam.

Mit einem etwas kratzig artikulierten »Schön war's trotzdem, Herr Schrader, danke für alles ...« verließ mich die tapfere René fünf Stunden später vor der Haustür ihrer Eltern an der Tegernseer Landstraße im Münchner Stadtteil Giesing.

Für die Zulassung des Fünfzehners waren dann aber doch noch diverse Arbeiten erforderlich, wie sich erwies. Sämtliche Teile, die ich dafür benötigte, besorgten mir Spezialisten in Frankreich, in den Niederlanden und in der Schweiz. Denn bei aller Hilfsbereitschaft der mit den TÜV-Vorbereitungen beauftragten Citroën-Werkstatt Reinhardt in München oblag es mir, das Material herbeizuschaffen. Dann spendierte ich der Limousine eine neue, taubengraue Velours-Innenausstattung sowie eine bei Siggi Fischer in Sauerlach meisterhaft ausgeführte Nitrolackierung.

Viele Jahre lang diente mir der schwarz-noble Franzose als Wagen für die tägliche Fahrt ins Büro, und meine spätere Ehefrau Mila (die ich erst ein halbes Jahr nach Abdankung des Fröstelmädchens René kennenlernte, um keine falschen Schlussfolgerungen entstehen zu lassen) bewegte das Fahrzeug mit dem gleichen Vergnügen. Wenn auch der relativ große Wendekreis und eine nicht servo-unterstützte Lenkung das Rangieren zu einem ordentlichen Stück Arbeit machten. Auf dem Roland-Berger-Firmenparkplatz drängten sich die Mannsbilder an den Fenstern, wenn Mila den 4 Meter 96 langen Oldtimer virtuos einparkte ... Eine Drehstrom-Lichtmaschine, eine Warmluftzuführung für den Innenraum plus Gebläse für die Frontscheibe, eine große Nebelschlussleuchte und eine mobile Mittelarmstütze waren Komfortattribute, die meinen Wagen noch perfekter machten.

Warum habe ich mich dann von ihm getrennt? Weil ich 1972/1973 in eine interessante, mir auf den Leib geschneiderte Kampagne involviert war. Einige Kollegen der Werbeagentur Heye hatten das Konzept für eine Aktion ausgearbeitet, in welcher eine Deutschland-Tournee mit fünf französischen, Gauloises-blau lackierten Franzosenautos den Mittelpunkt bilden sollte. In einem Preisausschreiben, so schlugen sie dem Gauloises-Verantwortlichen des Zigarettenherstellers BAT vor, sollten diese Autos anschließend zu gewinnen sein. Es kamen nur Citroën-Veteranen in Frage, und ich hatte sie zu besorgen. Aber es musste schnell gehen. Da die BAT sich besonders für meine beiden perfekt dastehenden Traction Avant (der andere war ein 1938er

Jetzt in Gauloises-Blau: Zwei der fünf Gangsterwagen hatte ich beigesteuert

Cabriolet) interessierte und einen ordentlichen Batzen Geld für sie bot, konnte ich nicht widerstehen. Damit war ich zwei geliebte Autos auf einmal los. Langstreckentauglich für die Deutschland-Tournee machte sie die damals noch existierende Münchner Citroën-Vertretung Max Rieth. Als Chauffeusen der Fahrzeuge heuerte die BAT Studentinnen an sowie einen Profi als begleitenden Schutzengel: Der hieß Richard Degen und besaß selbst zwei Citroën-Veteranen. Die Gewinnerin meiner Limousine mit der Chassisnummer 710682 äußerte bei der Übergabe, das Auto, für das sie leider keine Verwendung habe, weiterverkaufen zu wollen ... Ich kann nur hoffen, dass der Wagen in gute Hände kam und wieder seine schwarze Lackierung mit cremefarbenen Felgen erhielt. Denn für einen 15-six galt die berühmte Aussage Henry Fords zu seinem T-Modell: »Sie können das Auto in jeder beliebigen Farbe bekommen, vorausgesetzt, es handelt sich um Schwarz.« Zwar habe ich Fünfzehner auch in Grau, Dunkelblau und Beige gesehen – aber keine andere Farbe unterstreicht die Eleganz und Würde des Wagens so gut wie Schwarz.

Leihen Sie uns doch mal bitte Ihr Kind!

*Coverboys
mit Covergirl:
Titelfoto 1963*

Töchter, Ehefrauen, Sekretärinnen: Werbefoto-Models ohne Gage!

Als jemand, der für die Beschaffung von Bildmaterial für unseren Agenturkunden Auto Union zuständig war, dafür aber kein unbegrenztes Budget zur Verfügung hatte, oblag mir in den Sechzigerjahren auch die Rekrutierung von Fotomodellen (als man sie noch nicht als *models* bezeichnete) zu günstigsten Konditionen, sprich: zum Nulltarif. So wurden immer wieder Ehefrauen, Bräute, Schwestern, Töchter, Praktikantinnen, Nachbarinnen und Sekretärinnen zwangsverpflichtet, um an, auf, hinter, neben, in Fotofahrzeugen zu posieren, wenn wieder einmal ein Titelfoto oder ein Werbemotiv – und das möglichst umgehend – produziert werden musste. Männliche Kollegen waren da seltener gefragt, notabene. Wo es fotogene locations in der Umgebung Münchens gab, auch solche, die bei weniger schönem Wetter taugten, wussten wir längst.

Ein besonders charmantes Autofotomodell war die Hexlein genannte Freundin meines Kollegen Heiner, gefolgt von der damals vierjährigen Susi Schaaf, der Tochter unseres Cheftexters Herbert. Diesem Mädchen wurde die Ehre, als Covergirl Karriere zu machen, im September 1963 durch unseren Fotografen Walter Dittrich zuteil. Die Auto Union lancierte damals ihr letztes großes Modell unter der Marke DKW, eine 1,2-Liter-Limousine mit einer Karosserie im Fissore-Design. Um den Zweitakter pünktlich zum Zeitpunkt der Präsentation auf dem Titel der auflagenstärksten Autozeitschrift in Deutschland, der »ADAC Motorwelt«, abbilden zu können, musste das (abgesprochene) Foto bis zum 20. August bei der Redaktion vorliegen. Ein

Nichtraucher Schrader   Heiners Gefährtin, das »Hexlein«

attraktives, lebendiges, schnappschüssiges. Keine gestellte Werbeaufnah-
me, wie man sie für einen Prospekt machen würde. Doch Mitte August 1963
existierten nur einige wenige Vorserienexemplare des F102, und die durften
das Ingostädter Werksareal nicht verlassen.

Keine Frage: ein Job für unser Team. Mit dem Fotokünstler Walter sowie
zwei Leihkindern – nämlich Susi und ihrem zwei Jahre älteren Bruder Thomas – begaben Walter und ich uns am letzten Sonntag vor der Deadline auf
das Werksgelände an der Ettaler Straße zu Ingolstadt, wo man uns an ver-
steckter Stelle einen weißen F102 hingestellt hatte. Mitgebracht hatte ich
auch ein selbst gebasteltes Seifenkistlauto mit Kinderwagenrädern und imi-
tiertem Bugattikühler.

An der einzig für ein hübsches Foto in Frage kommenden Ecke des Ver-
waltungsgebäudes bauten wir die Szene auf: heimkehrender Vater wird von
seinen Kindern begrüßt. Lichtbildner Walter bestand aber auf einem dritten
Kind – eines für das Seifenkistl. Woher kriegt man an einem Sonntag gegen
14 Uhr in einem sommerschläfrigen Industrie-Stadtviertel ein minderjähri-
ges Fotomodell? Wir fanden es samt Mutter auf der Terrasse einer Eisdiele in
der Nähe des Werksgeländes. Viel Zeit für Erklärungen hatten wir nicht. Etwas verunsichert, was wir wohl vorhätten, willigte die junge Dame ein, uns

Antje posiert für BMW ...   ... und für DKW

ihren fünfjährigen Sohn für eine halbe Stunde zu borgen. Da ja alles so strikt
geheim war, durfte sie nicht mit aufs Werksgelände ... Wir führten ihr Susi
und Thomas vor, ließen ihr unsere Personalausweise da, sogar eine seiner
Kameras händigte ihr Walter pfandweise aus, um kundzutun, dass alles mit
rechten Dingen zuging (trotzdem würde eine solche Geschichte sich heute
unter keinen Umständen wiederholen lassen, dessen bin ich mir sicher).

Dann ging alles ganz schnell. Wir hetzten zu unserem F102 zurück, ich
setzte mich bei heruntergekurbelter Scheibe ans Lenkrad des Geheimautos,
Walter steckte den kleinen, mit einem roten Kinderhelm dekorierten Fremd-
ling ins Seifenkistl, Tom und Susi sprangen auf ein Signal einige Male vor
und zurück, um dem Fotografen fünf oder sechs Varianten zu ermöglichen –
und wir hatten unser Bild. Eine erleichterte Mutter nahm in der Pförtnerloge
ihren unbeschädigten Sohn wieder in Empfang, und als Belohnung für sein
Mitmachen bekam er das Seifenkistl geschenkt.

Der DKW F102 war kein Auto, das zu überzeugen vermochte. Bis Ende
März 1966 wurde es 52 753-mal gebaut, wovon die Hälfte jedoch unverkauft
blieb. Mit dem neuen Audi-Viertaktmotor und ein paar Optimierungen kam
der Wagen anschließend als Auto Union »Audi« oder F103, wie er intern
genannt wurde, auf den Markt.

Wo Ursel die Courage verließ

Mein 7 CV Citroën Roadster mit Gauloises-Girls

Wie geschildert, wurde mein Citroën 15-six fachmännisch durch die Firma Reinhardt betreut. Zum Glück gab es nur selten einen Grund, Werkstatthilfe in Anspruch zu nehmen, für einen Ölwechsel oder das Erneuern von Bremsbelägen etwa. Meister Einkammerer war nicht nur ein Könner seines Fachs, sondern hatte auch ein Herz für automobile Antiquitäten. Sein Chef war in der Branche für die Betreuung prominenter Citroën-Kunden bekannt, zu denen Gunther Sachs, Peter Kraus und die Direktion des Circus Krone zählten. Die fuhren natürlich jüngste D-Modelle. Gerhard Reinhardt – Schnauzbart, Zigarre, Filzhut mit Gamsbart – und seine Frau Hilde gehörten zu den ersten, die wartenden Werkstattkunden eine Tasse Kaffee servierten; wo gab es das sonst im Jahre 1970? Besonderes Interesse für meine Gangsterlimousine zeigte die Juniorverkäuferin und Reinhardt-Tochter Ursula. Ich schätze, sie war damals 23. Wenn sie mir den Kaffee brachte, war er besonders stark. Und auf der Untertasse lagen zwei Kekse; andere Kunden bekamen nur einen. Eines Tages fragte sie mich: »Sagen Sie mal, Herr Schrader, wurden diese Autos auch als Cabrio gebaut?« Ein solches würde sie sehr interessieren, meinte Ursel Reinhardt, und wenn es im Zustand nicht ganz so perfekt wäre, »täte sich unser Meister Einkammerer, den kennen's ja, schon drum kümmern. Also wenn's da mal was hören ... Aber net gar so teuer derf er sein!« Ich hatte verstanden. Offene Sechszylinder hat es serienmäßig nie gegeben, aber Vierzylinder schon, und so ein Auto musste ich jetzt finden.

Umgehend setzte ich mich mit vier Gewährsleuten in Verbindung, von denen ich hoffte, sie würden ein Gangsterwagen-Cabrio für mich finden: Roger Sceaux und Paul Niedermann in Frankreich, Lars Kile in Norwegen, Paul Foulkes-Halbard in England. In Deutschland brauchte ich nach einer solchen Rarität gar nicht erst zu suchen. Lars Kile, der erfolgreiche Oldtimer-Detektiv in seinem Lande, schickte mir zwar ein Foto eines offenen 11 CV, aber den Wagen hatte er leider kurz zuvor verkauft. Paul Niedermann konnte immerhin mit zwei Fotos solcher (leider unverkäuflicher)

Vierzylinder dienen, die er mal in Paris gesichtet hatte. Doch mein stets verlässlicher Freund Paul Foulkes-Halbard in Crowborough signalisierte einen Treffer. Das Auto, Baujahr 1938, habe er in London aufgetrieben, es sei ein in britischer Lizenz gebauter Rechtslenker mit leicht modifizierter Frontpartie, Lucas-Elektrik und hölzernem Armaturenbrett statt einem solchen aus Blech, Polaroidfoto anbei. Ich eilte zur Ursel, zeigte ihr den Brief und das Bild. Viel war darauf nicht zu erkennen, aber da der Freund in England für den Zweisitzer umgerechnet nur 3800 Mark haben wollte, meinte sie: »Ja mei, das tät schon passen, aber wie bekommen wir ihn hierher nach München in die St.-Veit-Straße?«

Einen Kaffee und zwei Kekse später war die Transaktion beschlossen. In der Planung und Durchführung solcher Vorhaben war ich ja geübt. Ursel Reinhardt und ich wurden uns einig: Ich sollte (auf ihre Kosten) per Bahn und Fähre nach England reisen, bei meinem Kumpel das Auto in Empfang nehmen und es anschließend bis an die belgisch-deutsche Grenze bringen. Sollte sich erweisen, dass der Wagen einigermaßen langstreckentauglich war, würde sie ihn dort übernehmen und nach München chauffieren. Sicherheitshalber wollte sie in Begleitung eines Kollegen im DS21 anreisen und im Konvoi mit diesem auch die Rückfahrt vornehmen. Ich könnte mir aussuchen, in welchem der beiden Fahrzeuge ich dann ebenfalls retour nach München mitfahren wollte.

Am darauffolgenden Wochenende – es war im Juli 1970 – begab ich mich per Bahn, Fähre und Bus zu Paul nach Crowborough, dessen von seiner Gattin Greta liebevoll gepflegter Garten nur einen einzigen, aber umso markanteren Schandfleck aufwies: ein auf dem Rasen abgestelltes Autowrack. Bei näherem Hinsehen ließ es sich als zweisitziger, offener Citroën 7 CV identifizieren, ein hubraumschwächerer Bruder des Traction Avant 11 CV.

Paul hatte sich gar nicht erst die Mühe gemacht, das Fahrzeug zu säubern. »Es hätte dann so ausgesehen, als wollte ich dir was vormachen. Du weißt, ich bin immer ehrlich ... Also, fahrbereit ist es schon, Papiere hat es auch ... Halt, steig bitte immer von der anderen Seite ein; wenn du die rechte Tür öffnest, fällt sie dir womöglich entgegen, ich habe sie mit Draht festgebunden. Ich gebe dir diese zwei Plastikbehälter für Kühlwasser mit, du wirst sie brauchen; von London bis hierher habe ich den Kühler fünf Mal nachfüllen müssen. Öl verliert der Motor nicht, sonst hätte ich das Auto nicht auf Gretas Rasen gestellt ... Nein, die Stoßstangen wirst du nicht verlieren unterwegs, auch wenn es so aussieht; ich habe sie ebenfalls gut mit Drahtschlingen befestigt ... Nein, ein Verdeck ist leider nicht dabei, ich hoffe, du wirst auf der

Der Citroën Roadster in Mario Geigenbergers Remise

Heimreise schönes Wetter haben ... Doch, ein Reserverad gibt es schon, nur taugt es leider nicht viel ...« Weil nämlich kein Pneu aufgezogen war.

Ich musste an mir bekannte Sprüche denken wie »Mit der Karre kommste nicht weit« – doch hier war niemand, der so etwas sagte, und wenn, hätte ich erwidert: Das wollen wir doch erst mal seh'n!

Ich übergab Paul den vereinbarten Betrag, erhielt zwei Quittungen (die mit dem niedrigeren Betrag zur Vorlage beim Zoll) und machte mich am folgenden Morgen mit den beiden gefüllten Wasserbehältern im Koffer-raum auf die Reise. Alle 20 Meilen ließ ich den Wagen ausrollen und füllte bei laufendem Motor Wasser nach. Die Serpentinen mit ihrem Gefälle vor Folkestone nahm ich mit vollem Schwung und in der Hoffnung, dass sich mir kein Hindernis entgegenstellen möge, etwa in Gestalt eines langsamen Lastwagens, denn mein Tempo hätte ich kaum drosseln können: Die Brem-sen taten so, als seien sie gar nicht vorhanden.

Prompt winkte mich eine Verkehrsstreife am Fuße der Gefällstrecke heran. Ich war als Temposünder, der das 30-Meilen-Limit überschritten hatte, auf dem Radarschirm erkannt worden – und vermochte beim besten

Eines Tages erstrahlte auch der kleine Citroën in frischem Glanz

Willen der Aufforderung zum Anhalten nicht Folge zu leisten. Mein Auto rollte einfach weiter. Es hätte auch nur Komplikationen aller Art gegeben, bei aller Toleranz britischer Polizeibeamter in Sonntagslaune, und obendrein hätte ich vermutlich die gebuchte Elf-Uhr-Fähre nach Oostende verpasst. Sorry, Gentlemen.

Paul hatte die Wahrheit gesagt: die Klapperkiste ließ sich weitaus besser fahren als sie aussah, wenn man nicht allzu oft von den Bremsen Gebrauch machte. Wie vereinbart, trafen Ursel, ihr Begleiter und ich uns am Grenzübergang bei Aachen. Es war gegen 17 Uhr, als ich dort ankam und alle mir vertrauten Einfuhrformalitäten erledigte, bevor ich meinen beiden Hoffnungsträgern unter die Augen zu treten wagte. Die Sonne dachte noch längst nicht ans Untergehen und ließ mit ihrem warmen Spätnachmittagslicht die rostigsten Stellen der Karosserie noch ein wenig rostiger aussehen und glitzerte neckisch in der Kühlwasserpfütze, die sich unterhalb der Wagenfront bildete, als ich anhielt.

»Oh mei« war alles, was die Ursel sagte, nachdem sie zweimal das Auto umrundet und sich erst hinter dem einen, dann hinter dem anderen hübschen Ohr gekratzt hatte. Ihr Begleiter blickte nur gebannt auf die sich langsam ausdehnende Pfütze unter der vorderen Stoßstange und enthielt sich bis auf ein »Hm« jeden Kommentars. »Oh mei. Aber wenn Sie es bis hierher geschafft haben, werd' ich's auch bis München schaffen. Der Christoph ist ja dabei. Und ein Schleppseil haben wir auch.«

Sportsgeist und Ehrgeiz hatten gewonnen. Ursel klemmte die mitgebrachten roten Kennzeichen über die englischen und setzte sich ans Lenkrad; ich füllte den Kühler auf. Noch am gleichen Abend machten sich die beiden in Richtung München auf den Weg. Ich wünschte ihnen viel Glück – das würden sie nötig haben! – und trat den Heimweg per Bahn an. Angeblich wegen eines dringenden Termins in Köln.

In mehreren Etappen, so erfuhr ich bei meinem Anstandsbesuch in der St.-Veit-Straße, sei die Rückreise vonstatten gegangen, immerhin auf eigener Achse und ohne Verluste irgendwelcher mit Draht gesicherter Bauteile. Doch der Kaffee war nicht so gut wie sonst, es lag auch kein Keks auf der Untertasse. Ja, das Fahrzeug sei sicher sehr selten, ganz gewiss. Dennoch werde sie es auf gar keinen Fall behalten können, eröffnete mir die Ursel: »Mein Vater hätt' mich fast net auf den Hof g'lassen … Mit so einem g'lumperten Dreckskarr'n anzukommen, mit einem so ausgeschlackerten, da hätt' ihn fast der Schlag derwischt. Und wer die Restaurierung durchführen sollte, er würde doch nicht seine besten Kräfte im Betrieb für das Hobby seines Fräulein Tochter abziehen … Ja mei, was mach' mer jetzt? Wer kauft mir dös G'lump ab?«

Ich war es, der sich spontan erbot, ihr das »ausgeschlackerte G'lump« sofort und für die Einstandssumme abzukaufen. Nicht nur, um bei Reinhardts den Familienfrieden wieder herstellen zu helfen, sondern auch, um mein Gesicht zu wahren – und weil ich davon überzeugt war, dass jeder in die Restaurierung des Traction-Avant-Cabrios investierte Hundertmarkschein gut angelegtes Geld sein würde. Eine Spekulation, die sogar aufging, allerdings erst 1974. Die Restaurierung hatte bis dahin sehr viel mehr gekostet als veranschlagt – wie im richtigen Leben. Gute Arbeit bei der Karosserie-Instandsetzung leistete Hanns-Otto Geigenbergers Sohn Mario. Ein neues Verdeck fertigte der alte Herr Bachmayer am Münchner Harras an, der bereits das Interieur meines 15-six so schön aufgearbeitet hatte.

Bei der Vorführung des Wagens beim Zollamt hatte der zuständige Beamte auf einer Schätzung bestanden; meine Kaufpreisquittung interessierte ihn nicht. Er wird vermutet haben, das Auto sei sehr viel mehr wert als die dort ausgewiesenen 1800 Mark. Leider kam der amtliche Schätzer auf nur 240: Für ihn hatte der Wagen lediglich »Schlachtwert«.

Der bestens aufgearbeitete, problemlos fahrbare Roadster ging, wie weiter oben angedeutet, später in den Besitz der Zigarettenfirma BAT über, die ihn im Rahmen jenes Gauloises-Preisausschreibens verloste, in welchem auch mein 15-six eine neue Besitzerin fand.

Ursel Reinhardt übernahm eines Tages eine Toyota-Vertretung, und weil es sich bei Toyota weder um eine französische noch um eine englische Automarke handelt, verlor sich unser Kontakt im großen automobilen Universum. Denn mit Fabrikaten asiatischer Herkunft hatte ich nie viel im Sinn.

Tausche alte Engländerin gegen junge Schwedin

Riley Monaco 9 hp – niemand wollte ihn haben ...

Mein technisches Interesse gilt nicht etwa nur historischen Automobilen und ihnen verwandten Selbstbewegern, sondern auch anspruchsvollen Fotoapparaten. Schon vor vielen Jahrzehnten träumte ich vom Besitz einer Hasselblad, jener schwedischen Königin unter den Mittelformat-Spiegelreflexkameras, wie sie die Elite der Lichtbildnerzunft benutzte. Doch eine Hasselblad lag für mich außer Reichweite. Ich hätte auf vieles verzichten müssen, um mir eine teure 500C anschaffen zu können, und so blieb es halt lange Jahre bei einer Rolleiflex.

Dass ich eines Tages dennoch Hasselblad-Besitzer wurde, verdankte ich indirekt Albert Leonhard, einem meiner Freunde, der in London bei einer Volkswagen-Vertretung arbeitete und mir im September 1966 schrieb, er habe einen sehr schönen Riley 9 hp Baujahr 1929 entdeckt, der mich doch ganz gewiss interessieren würde. Die knubbelige Limousine im Art-Deco-Stil mit filigranen Speichenrädern sollte nicht mehr als 85 Pfund Sterling kosten, das war wirklich nicht viel Geld für den Viertürer in Weymann-Bauart, wie man sie bei englischen und auch französischen Autos einst häufiger fand. Diese Karosserieversion stellte eine Erfindung von Charles Terence Weymann (1889–1976) dar, bei der eine hölzerne, elastisch aufs Chassis gesetzte Rahmenstruktur alle Schwingungen und Fahrbahnstöße auffängt, die auf das Fahrwerk wirken. Vorzugsweise wurden in den Zwanzigerjahren leichte Limousinen, aber auch Cabriolets nach Weymann-Patenten karossiert. Die Holzrahmenstruktur war in ihren Zwischenräumen mit einem isolierenden Material gefüllt, innen mit Sperrholz verkleidet und außen mit einem Kunstlederüberzug versehen. Die handwerklich aufwendige Arbeit wurde durch die preiswerten Materialien und ein geringes Karosseriegewicht kompensiert. Der anthrazitfarbene Riley gab ein klassisches Beispiel für die Weymann-Bauweise ab, und sein Zweinockenwellen-Vierzylindermotor war der gleiche wie in einigen zeitgenössischen Sportwagen.

Albert hatte Recht: Der Riley Monaco 9 hp interessierte mich sehr. Ich eilte gen London per Bahn und Oostende–Dover-Fähre, um den Wagen zu kaufen. Die angeblich so sportlichen Eigenschaften des Riley-Vierzylindermotors ließen sich allerdings nicht ganz auskosten. Das Auto hatte der Verkäufer nämlich so stark befrachtet, dass man es ihm schon von weitem ansah: Der Wagen lag verdächtig tief ... Im Fond befanden sich nicht nur ein fürsorglich dreingegebener Ersatzmotor sowie zwei Reserveräder, sondern einige Kartons mit Eisenteilen aller Art. Und auch auf dem Beifahrersitz türmten sich schwergewichtige Pakete mit wertvollem Uraltinhalt. Langer Rede kurzer Sinn: Die Heimfahrt vollzog sich im Schneckentempo. Ich stellte mit dem immens überfrachteten Oldie ein Verkehrshindernis ersten Ranges dar, vor allem auf der Autobahn. Also lautete mein Entschluss: Der so schöne, aber zur Zeit lahme Riley musste entweder eine halbe Tonne wertvollen Ballast abladen – doch wohin damit? – oder den Rest der Heimreise auf dem Schienenweg antreten. Ich entschloss mich für die Variante Nr. 2. Für die Weiterfahrt von Düsseldorf nach München nutzten der Riley und ich daher ein Bundesbahn-Sonderangebot der damals noch jungen Einrichtung »Auto-im-Reisezug«.

Daheim um seinen Ballast entschlackt, erwies sich der Wagen als agiler Großvater, sofern man ein nur 37 Jahre junges Auto schon so bezeichnen durfte. Jedenfalls benötigte der Wagen mit seiner kunstlederbespannten Holzkarosserie keinerlei Aufarbeitung, keiner Motorenüberholung, keiner kosmetischen Behandlungen. Er war einfach perfekt. Aber behalten wollte ich die Limousine dennoch nicht. Um sie wieder loszuwerden, inserierte ich in diversen Motorblättern, leider ohne Erfolg. Niemand schien an dem doch so schönen, gepflegten Auto Interesse zu haben.

Endlich traf ein Brief aus den Niederlanden ein, dessen Absender nähere Angaben zu dem Wagen erbat. Er ließ mich aber auch gleich wissen, dass er nur an einem bargeldlosen Geschäft interessiert sei. Das war meine Chance! Denn der gute Mann war, dem Briefkopf nach zu urteilen, Inhaber eines Fotogeschäftes. Auf meinen Vorschlag, das Auto – Foto anbei – gegen eine Hasselblad einzutauschen (es musste ja keine neue sein), ging er sofort ein. Tatsächlich reiste der Interessent aus Hoogeveen wenige Tage später mit seiner Frau und kleinem Gepäck an: Dies bestand hauptsächlich aus einem Lederköfferchen mit einer 500C, drei Objektiven und jeder Menge Zubehör. Unter Freunden ein Gesamtwert von mindestens 8000 Mark.

Der Riley sagte den beiden über alle Maßen zu, die Inspektion der Limousine fiel zu ihrer vollen Zufriedenheit aus. Sie stießen sich gegenseitig in die Taille vor Freude, zwinkerten sich zu und schienen damit andeuten zu wollen: Was für ein Schnäppchen! Den Ersatzmotor wollten sie aber nicht

Ein bis heute verkannter Klassiker der Zwanzigerjahre

mitnehmen, auch all das andere Zeug nicht. Nun, ich schenkte es später Hubertus Graf Dönhoff, Besitzer eines Riley Sportwagens mit identischer Technik.

Das schwedische Präzisionsinstrument namens Hasselbad diente mir – von ganz wenigen Ausfällen abgesehen – 25 Jahre lang treu als Allround-Kamera, nachdem meine Rolleiflex in den verdienten Ruhestand geschickt worden war. Ich hatte meine Traumkamera bekommen, und mein Tausch-partner sein Traumauto. Und jeder von uns beiden war der Überzeugung, bestimmt das bessere Geschäft gemacht zu haben.

Hilfe für die Königin der Finsternis

Der Tatra 87 im Deutschen Museum, den ich nach Wien überführte

In der Kraftfahrzeughalle des Deutschen Museums in München können Sie einen mattsilber lackierten Tatra, Baujahr 1939, entdecken. Für mich hat diese Limousine eine ganz besondere Bedeutung. Warum? Lesen Sie weiter.

Dieser Tatra gehörte anfänglich Fritz Ostwald, einem in der Technikgeschichte nicht ganz unbekannten deutschen Ingenieur. Ostwald hatte Maschinenbau studiert; er war der Sohn des Diesel-Biographen und Herausgebers der »Auto Technik« Walter Ostwald und Enkel des Chemie-Nobelpreisträgers von 1909, Wilhelm Ostwald. Und der war ein Schüler meines Urgroßvaters an der Uni Leipzig, wo der weißbärtige Professor vor dem Ersten Weltkrieg über Naturwissenschaften dozierte. 1940 legte Fritz Ostwald am Lehrstuhl für Technische Physik die erste wissenschaftliche Arbeit der Welt zum Thema »Automatische Blockierhinderung« ab: Grundlagen zum ABS. Er bekam eine Anstellung als Entwicklungsingenieur bei ATE in Frankfurt, wo er bis zu seiner Pensionierung blieb und unter anderem den negativen, spurstabilisierenden Lenkrollradius zum Patent anmeldete; insgesamt lauten an die 180 Patente auf Fritz Ostwalds Namen. Auch konstruierte der Diplom-Physiker eine Mehrlenker-Hinterachse. Seinen Tatra, ein Trumm von Limousine mit einem Dreiliter-V8-Motor im Heck, hatte er 1959 an Felix Wankel verkauft; dieser hatte ihn anschließend Hans Ledwinka geschenkt. Und der war kein Geringerer als – der einstige Konstrukteur des Wagens.

Durch wirtschaftlich wie politisch bedingte Rückschläge knapp bei Kasse, wollte der jetzt in München lebende Ledwinka den Tatra 1964 dem Deutschen Museum verkaufen, doch Kurator Max Rauck verfügte über keinen Etat, aus welchem er Ledwinka 1000 Mark (oder auch ein wenig mehr) hätte bezahlen können. Hans Ledwinka, vor dem Kriege Technischer Leiter der Tatra-Werke, war 1945 als Kollaborateur der Nazis beschuldigt und für sechs Jahre ins Gefängnis geschickt worden. 1951 hatte man ihn aus der Haft entlassen, woraufhin er die Tschechoslowakei verließ.

Mit seinem ausgeprägten Sinn für wirkungsvolle Symbolik bat Rauck den Motorenkonstrukteur und Erfinder des Kreiskolbenmotors Felix Wankel wieder in den Ring. Dem berühmten Vorbesitzer des Tatra fiel es leicht, Ledwinka einen angemessenen Betrag für seinen Oldtimer zu zahlen, um ihn umgehend für eine symbolische Mark an das Museum weiterzugeben. Sowohl Ostwald als auch Wankel wurden respektvoll als Mäzene genannt, als das etwas heruntergekommene Fahrzeug in einer kleinen Feierstunde die Besitzer wechselte – und dieser Kreislaufvorgang vollzog sich mit Lobesworten, Händeschütteln, einer Lage Sekt und einem Blumenstrauß für den großzügigen Herrn Wankel in meiner Garage, wo das Deutsche Museum den historischen Wagen für zwei Wochen geparkt hatte. Gratis, versteht sich, ohne ein symbolisches Markstück als Miete.

Nachdem die Wiener Industriellenfamilie Serenyi-Ringhoffer sich auch noch zur Finanzierung einer Generalüberholung des Museumsautos bereit erklärt hatte, suchte Rauck nun jemanden für die Überführung des Wagens nach Wien. Ein Transport per Lkw wäre natürlich am vernünftigsten gewesen. Den hätte Rauck auch sicher – und ebenfalls gratis – irgendwoher gestiftet bekommen. Doch leichtfertigerweise erklärte ich mich spontan bereit, den Tatra selbst nach Wien zu fahren.

An einem Sonnabend in der zweiten Novemberhälfte 1964 begab ich mich mit randvollem 55-Liter-Tank auf die Reise in Richtung Wien. Da Ostwald den Tatra auf eigener Achse von einem Frankfurter Vorort nach München-Unterhaching gebracht und somit bewiesen hatte, dass der Wagen noch immer langstreckentauglich war, kamen mir keine Bedenken hinsichtlich irgendwelcher Risiken. Der Dreiliter-Achtzylinder sprang auf Knopfdruck an, hatte einen sonoren Klang, das Getriebe ließ sich gut schalten, die Reifen hielten Luft: Die vor mir liegenden 450 Kilometer würden sich in fünf, maximal sechs Stunden gut schaffen lassen. Ein paar rote Überführungskennzeichen hatte mir Max Rauck besorgt, er hatte mir auch eine Vollmacht ausgestellt und Ringhoffers in Wien über den voraussichtlichen Zeitpunkt meines Eintreffens informiert.

Dass die Fahrt dann doch ein wenig länger dauerte, lag an einigen nicht vorhersehbar gewesenen Faktoren. Der erste: Schon wenige Kilometer nach dem Verlassen der Ortschaft Unterhaching ereilte mich eine Reifenpanne. Mit einem Plattfuß vorn rechts musste ich kurz vor Holzkirchen auf der Landstraße anhalten. Unter der Fronthaube verfügte der Tatra über zwei Reserveräder, zusammen mit dem Benzintank zum Gewichtsausgleich für den Motor im Heck. Aber ich hatte versäumt, mich vor Reiseantritt über den Zustand der Ersatzreifen zu vergewissern. Beide waren nicht nur weitgehend ohne Profil, sondern auch luftleer. Also nutzlos.

Der Vorkriegs-V8 besaß seine Qualitäten. Einige davon (nicht alle) hatte ich kennenlernen dürfen

Ich hatte Glück im Unglück: In Sichtweite meiner Pannenstelle gewahrte ich ein Anwesen, das sich als Betriebsgebäude einer Reifenfirma herausstellte. Halb schleppte, halb rollte ich mein abmontiertes Vorderrad in die Werkhalle und wurde unverzüglich bedient (Juniorchef Valentin Schaal wurde später selbst ein begeisterter Oldtimerfan). Man nahm sich meines Problems an, um aber schon bald festzustellen: Die Decke wies einen irreparablen Riss auf, und eine neue der erforderlichen 16-Zoll-Größe hatte man nicht auf Lager. Den ebenfalls defekten Schlauch zu flicken, war das geringere Problem. Doch Meister Schaal gehörte nicht zu denen, die mit »geht nicht« einfach aufgaben. Unter seinem Altmaterial fand er einen alten, noch brauchbaren Reifen ähnlicher Dimension von einem amerikanischen Militärfahrzeug. Er passte auf die Tatrafelge, war nur etwas höher. Gemeinsam montierten wir das Rad an den nun etwas hinkebeinigen Wagen. Zwei Stunden Zwangsaufenthalt – und weit war ich noch nicht gekommen.

Es war etwas kühl in meinem unbeheizten Superautomobil. Die Rückspiegelsicht nach hinten war wegen des hoch bauenden Heckmotors minimal. Ich kam auf der Autobahn in Richtung Salzburg zügig voran, fuhr dennoch vorsichtig, in der Ebene mit höchstens Tempo 80. Hinter dem Chiemsee schlug das sonnige Wetter um, graue Wolken zogen herauf, es setzte Schneefall ein. Der Winter wollte sich ankündigen. An der Grenze zu Österreich fürchtete ich, man würde über die roten Kennzeichen zu diskutieren beginnen, mit denen man normalerweise nur im Inland fahren durfte; mein Überführungsauftrag vom Deutschen Museum zu Ringhoffer nach Wien wirkte aber wie ein Diplomatenpass. Anstandslos ließ man mich passieren. Der schwarze Tatra schien den Uniformträgern beider Seiten Respekt abzunötigen.

Doch jetzt sorgte der zweite der angedeuteten Faktoren für eine Reiseverzögerung. Die Niederschläge hatten zugenommen, es schneite in Österreich wie auf einer Weihnachtspostkarte aus Alaska. Meinem tapfer dahinbrummenden Auto machte das nichts aus, wohl aber seinem frierenden Fahrer: Die Scheibenwischer bewegten sich nämlich nur im Schneckentempo und bestrichen auf der Scheibe auch nur einen Winkel von etwa 15 Grad. Schnee setzte sich vor die drei Scheinwerfer, sodass ich in der aufkommenden Dämmerung kaum noch sah, wohin ich fuhr. Ich kurbelte das linke Türfenster herunter, um den Wagen mit herausgestrecktem, pudelbemütztem Kopf einigermaßen sicher manövrieren zu können. Erschwerend kam hinzu, dass die Autobahn Salzburg–Wien damals noch nicht durchgehend fertig gestellt war, sondern einen Fleckerlteppich darstellte mit kilometerlangen Baustellen- und Landstraßenabschnitten.

Es war bald dunkel und es herrschte zum Glück, da am Sonnabend, nicht viel Lastwagenverkehr. Kilometer um Kilometer tastete ich mich in nahezu völliger Blindheit voran, wobei sich die verschneite Fahrbahn vor mir wenigstens als ein weißes Band erkennen ließ, dem ich zu folgen hatte. Bis mich, etwa 80 Kilometer vor Wien, ein Volkswagen überholte und zum Stoppen aufforderte: eine Gendarmeriestreife.

Kopfschüttelnd betrachteten die Herren meinen Wagen und bescheinigten ihm, wie nicht anders zu erwarten, weitgehende Verkehrsuntauglichkeit. Dabei hatten sie den falschen Reifen vorn rechts noch gar nicht wahrgenommen. Eine Probe ergab, dass die Klappwinker nicht funktionierten, ja dass meine ganze Lichtanlage ihren Geist aufgegeben hatte. Was ich für eine Beeinträchtigung der Schweinwerfer-Leuchtkraft durch eine Schneeschicht auf den Gläsern gehalten hatte, war in Wirklichkeit ein Stromausfall. Die sich abquälenden (sogenannten) Scheibenwischer mussten wohl den letzten Saft aus der Batterie geholt haben. Und nur, weil auch keine Rücklichter brannten, waren die Gendarmen überhaupt auf den »Schwarzfahrer« aufmerksam geworden. Bisher hatte ich immer geglaubt, Lucas sei der König der Finsternis, jener berüchtigte Heilige der britischen Elektroindustrie. Hier und jetzt kam meiner Tatra-Limousine dieser Titel zu.

Es geschah etwas, wovon wir in unserer Zeit nicht einmal zu träumen wagen würden. Die österreichische Autobahn-Gendarmerie kann bis in alle Ewigkeit meiner tiefsten Dankbarkeit sicher sein, weil ihre Angehörigen mir an jenem Frühwinterabend weder die Weiterfahrt verboten noch ein Strafmandat ausstellten, sondern – ganz im Gegenteil – behilflich waren, meine Reise bis ans Ziel fortzusetzen, also bis zur Pförtnerloge der Firma

Ringhoffer, einem ehemaligen Zweigbetrieb des Prager Tatra-Konzerns. »Wissen's wos,« sagte einer der beiden Gentlemänner zu mir, »jetzt foahns zuabi, oba net zu schnöll, und mir foahn dicht hinter eahna her und sichern eahna nach hint ab, damit käna auffi fohrt und eahna nix passüaht!«

Wir setzten uns ungeachtet aller ausgefallener Beleuchtungskörper an meiner Königin der Finsternis als Konvoi in Bewegung (den Motor des Tatra hatte ich glücklicherweise laufen lassen, sonst hätte ich ihn ankurbeln müssen), und im Rückspiegel konnte ich erkennen, dass der Staats-Käfer mir dicht auf den Fersen war – und das eine gute Stunde lang, bis ich mit vermutlich fast leer gefahrenem Tank das stromlose Auto am Ziel abstellte. Dank vorherigem Kartenstudium hatte ich mir den Weg zu meiner Zieladresse genau eingeprägt, wie es damals, als es noch keine Navigationssysteme gab, halt üblich war.

Ich bedankte mich bei meinen Helfershelfern, die anscheinend stolz darauf waren, ihren amtlichen Ermessensspielraum in den Dienst einer wirklich guten, bayerisch-österreichischen Sache gestellt zu haben. Sie funkten sogar ein Taxi herbei, das mich ins Hotel brachte.

Der in Wien restaurierte Tatra steht seit 1966 als Exponat im Deutschen Museum, und niemand, der ihn anschaut, kann wissen, welch abenteuerliche Geschichte ausgerechnet mich mit diesem Auto verbindet – bis jetzt.

Fensterplatz im Kofferraum

Einer meiner drei Triumph Roadster nach gründlicher Aufarbeitung

Als es an der Porte de Vincennes in der östlichen Peripherie von Paris noch einen großen Gebrauchtwagenplatz gab, das war 1962, entdeckte ich beim Einbiegen in den großen Kreisverkehr durch einen Viertelblick nach rechts ein Auto, das mir – obwohl ich mir einbildete, mich mit den meisten Exoten gut auszukennen – ziemlich unbekannt vorkam. Ich hatte in Bry-sur-Marne einen Kollegen der schreibenden Zunft besucht, dessen einträgliche Arbeit darin bestand, sämtliche Reparatur- und Betriebsanleitungen für DKW-Fahrzeuge ins Französische zu übersetzen. Richtig: Paul Niedermann war jener Gewährsmann, durch den ich später meinen Citroën 15-six bekam.

Der attraktive Blickfang stand auf einem schrägen, hinten hüfthohen Podest inmitten vieler ebenerdig geparkter »Occasions« und erfüllte seine Aufgabe als Hingucker bestens … Ich umfuhr den Kreisverkehr ein weiteres Mal, um vor dem Standplatz anzuhalten, auszusteigen und mir den schwarzen, auf Hochglanz polierten Wagen näher anzuschauen.

Der offene und ziemlich breite Zweisitzer hatte eine lange Motorhaube, ein kurzes Cockpit mit einer durchgehenden Sitzbank und ein etwas schwanger aussehendes Heck, in dessen Oberseite zwei Scheiben eingelassen waren. Zwischen den ebenso rundlichen vorderen Kotflügeln prangten die verchromten Scheinwerfer. Anstelle eines Markenzeichens, das über das Fabrikat des Cabriolets hätte Auskunft geben können, entdeckte ich auf dem Kühler nur eine Weltkugel – ähnlich jener auf dem Ford Taunus – mit ein paar unleserlichen Fragmenten aus dem Emaille herausgelöster Buchstaben. Der Rechtslenkung nach zu urteilen konnte der Wagen ein Engländer sein, doch rechtsgelenkte Sportwagen hatte es in den Vierzigern ja auch noch in Italien gegeben, einige auch in Frankreich. Aber der barocke Oldie mutete weder italienisch noch französisch an. Also wohl doch ein Brite … Jedenfalls gefiel mir das Fahrzeug sehr.

Es war niemand in Sicht, den ich nach Einzelheiten und vor allem nach dem Preis des Wagens hätte fragen können. Es war Mittagszeit, und zu

Faszinierend: Schwiegermuttersitz mit Windschutzscheibe!

dieser sperrt in Frankreich jeder rechtschaffene Geschäftsmann seine Entreprise zu und begibt sich für zwei Stunden zu Tisch. Und da ein Flic, wie man in Frankreich einen Verkehrspolizisten nennt, mich darauf aufmerksam machte, dass ich mit meinem DKW Junior im Halteverbot stand, setzte ich meine Fahrt Richtung Innenstadt fort, bevor der Flic seinen Schreibeblock zückte – und strich die pausbäckige Unbekannte von der Porte de Vincennes erst einmal aus meinem Gedächtnis.

Erst 1967 begegnete ich wieder einer ihrer Artgenossinnen, und zwar in England. Inzwischen wusste ich, dass das pummelige Cabrio aus dem Hause Standard-Triumph in Coventry stammte. Die Briten nannten es eigenartigerweise Roadster, obwohl das Auto alles andere als ein Roadster war. Es hatte Kurbelscheiben in den Türen und nicht weniger als fünf Sitze, mehr als manche Limousine. Denn auf der Sitzbank im Cockpit fanden locker drei Erwachsene Platz, und was ich als Fenster auf der Heckklappe wahrgenommen hatte, gab den Blick auf zwei weitere Sitze frei, die man benutzen konnte, wenn man das Fensterteil nach oben schwenkte und die sich daran anschließende Hälfte nach hinten, wodurch sich für die beiden Zusatzplätze eine Rückenlehne ergab. Eine pfiffige Lösung.

Ich muss Ihnen sicher nicht erklären, dass und warum ein solcher Triumph Roadster längst in meinen Begehrkreis geraten war. Mein erstes

Was niemandem auffiel: verkehrt herum montierte Stoßstangenhörner

Exemplar (richtig: bei einem blieb es nicht) war wie das Fahrzeug damals
in Paris ein schwarz lackiertes mit schwarzem Lederinterieur, Baujahr 1949,
mit einem 2088-cm³-Vierzylinder, identisch mit dem im Standard Vanguard.
Mit seinen 18 Lenzen handelte es sich um einen gewöhnlichen Gebrauchtwagen, von dem es in Britannien allerdings nicht mehr allzu viele gab. Dieser Triumph genoss bereits Sammlerstatus – bei ein paar Liebhabern zumindest. Er war etwas über 120 km/h schnell, wenn man einen ordentlichen
Anlauf nahm. Wenig Freude bereiteten die stets hakelige Lenkradschaltung
des Synchrongetriebes, die nur schwache Verzögerung der Trommelbrem-
sen und die beklemmende Dunkelheit im Cockpit bei geschlossenem Verdeck. Bewegte man den Wagen einigermaßen sportlich, und ein Sportwagen
sollte er ja sein, tauchte das kurvenäußere Vorderrad tief ein bei gleichzei-
tiger Anhebung des starrachsigen Hecks, und hatte ich eine Beifahrerin an

Falsche Seite: Mädchen hatten links einzusteigen …

Bord, so rutschte diese haltlos, je nach Kurve, auf der ledernen Sitzbank entweder zur Tür hin oder geriet mit dem Fahrzeuglenker auf Tuchfühlung. Schließlich gab es ja in solchen Autos noch keine Sitzgurte.

Letztgenanntes Manöver, erzielt bei spontanem Linkseinschlag ohne vorheriges Abbremsen, zeitigte einen mir nicht unangenehmen Zentrifugalkrafteffekt, wenn eine der jungen Damen aus meinem Kollegenkreis sich darauf einließ, von mir zum Lunch ausgeführt zu werden. Eine kurvenreiche, wenig befahrene Strecke zum Waldgasthaus in der Nähe von Sauerlach eignete sich besonders gut dazu, Anschmiegsamkeiten zu provozieren.

Den Triumph Roadster 2000 wurde ich los, nachdem mich ein Besessener eines Tages durch halb München verfolgt hatte, bis er mich stellen konnte. Um beinahe jeden Preis wollte er mir den Wagen abkaufen. Zunächst zierte ich mich, denn ich schätzte das Fahrzeug sehr und hatte noch keine einzige Reparatur gehabt. Doch ich wurde weich, gab den Roadster für einen angemessenen Betrag her und nahm mir vor, bei meinem Freund und Oldie-Lieferanten Paul Foulkes-Halbard in England sofort nach einem identischen Fahrzeug zu fragen. Was Paul nicht hatte, besorgte er; darauf war Verlass. Kein Wunder also, dass schon 14 Tage später ein Brief mit einem Amateurfoto eintraf, das einen unscharf aufgenommenen Triumph Roadster zeigte,

Bei Ludwig Dreyer in München wurde mein dritter Triumph optimiert

ganz genau wie mein verkaufter aussehend – abgesehen vom Zustand. Der schien erbärmlich zu sein. »Lass dich nicht täuschen«, schrieb Paul. »Der Roadster mag schäbig aussehen, aber er ist OK und seine 75 Pfund allemal wert.«

Nur 75 Pfund – da würde sich ja eine Generalüberholung lohnen. Um mir zu beweisen, dass der Roadster – es war ein 1946er Modell mit 1776-cm³-Motor, der angeblich bei Rolls-Royce produziert wurde – über alle Qualitäten verfügte, die sein Äußeres eventuell in Zweifel ziehen ließ, erbot sich Paul, das Auto zu mir nach Hause zu bringen, auf eigener Achse natürlich, sofern ich ihm die Eisenbahnfahrt back to Crowborough bezahlen würde.

Das Klappermobil mit Paul am Steuer trat tatsächlich auf eigener Achse in München ein, aber es war noch schrottiger als auf dem Foto erkennbar. Ich machte mir keine Illusionen: Das war meiner Einschätzung nach nicht die Aschenputtel-Substanz, aus der sich eine Goldmarie zaubern ließ. Mein Lieferant sah das anders und gab mir gute Ratschläge, was vielleicht zu tun und was getrost zu ignorieren wäre … Aber die Briten hatten schon immer einen Hang zu besonders maroden Antiquitäten, wie ich inzwischen wusste, und ich sah zu, dass ich das Gefährt bald wieder weitergeben konnte. Tatsächlich fand sich ein Enthusiast, der sich mit der notwendigen Zuversicht

Lange Motorhaube, kurzes Cockpit: einfach schick!

des Roadsters annahm – und mir bewies, dass es sich doch um eine (gut getarnte) Goldmarie gehandelt hatte. Das von ihm in Dunkelrot-Metallic lackierte und mit schneeweißen Einzelsitzen versehene, auf Mittelschaltung umgerüstete und mit einem riesigen Feuerlöscher ausgestattete Fahrzeug – der Triumph Roadster Club möge dem Mann vergeben haben – glich zwar einem Kirmesauto, war dennoch ein alltagstauglicher Boulevard-Flanierer, der auf der Leopoldstraße gewiss jede erwünschte Aufmerksamkeit erregte.

Als ich – ziemlich überrascht – der brillantroten Animierbombe eines Abends in Schwabing begegnete, besaß ich ebenfalls wieder einen Triumph Roadster, ebenfalls einen 1800; das war im Spätherbst 1968. Um keine weitere Enttäuschung gewärtigen zu müssen, hatte ich mein drittes (und bislang letztes) Exemplar dort erworben, wo ich am wenigsten befürchten musste, einen Reinfall zu erleben. Ich hatte mich an den Präsidenten des Triumph Roadster Club in England gewandt, dem ich inzwischen als Mitglied angehörte. Ich hatte erfahren, der Clubchef wollte eines seiner Autos verkaufen. Bob Fitsall verlangte zwar 180 Pfund Sterling (etwa 2000 Mark) für sein Schmuckstück, doch das schreckte mich nicht ab: Ich fuhr nach England und sicherte mir den grünen Roadster, der wirklich wie aus dem sprichwörtlichen Ei gepellt auf seinen nagelneuen Dunlop-Reifen stand. Nur dieses fürchterliche Grün ... Das musste ich ändern. Ein Vorhaben, das die Karosseriefirma Ludwig Dreier in der Münchner Müllerstraße wunschgemäß und mit großer Perfektion ausführte. In leuchtendem Bugattiblau sah der Wagen

erheblich vorteilhafter aus, und dass die Dreiermänner die vorderen Stoßstangenhörner anschließend verkehrt herum aufsetzten, fiel fast gar nicht
auf. Mit einem neuen Verdeck, ein paar schicken Accessoires wie Talbot-
Rückspiegeln und verchromten Blinkergehäusen machte der frisch lackierte
Wagen den Eindruck, als sei er ladenneu.

Auch der Münchner TÜV zeigte sich beeindruckt. Die Aufarbeitung
hatte ja auch satte 4754 Mark gekostet. Wie bedauerlich nur, dass die Fahreigenschaften eines Triumph Roadster nicht hielten, was sein Erscheinungs-
bild versprach. Jedes der ihm nachfolgenden Triumph-Modelle TR3 oder gar
TR4 war ihm meilenweit überlegen. Diese Roadster – und sie waren wirklich
solche – hatten zwar keinen Schwiegermuttersitz mit eingebauter Fenster-
scheibe im Kofferraum (genaugenommen wiesen sie überhaupt keinen Kofferraum auf) und auch keine Anschmiege-Automatik für Elchtestmanöver
mit arglosen Beifahrerinnen an Bord, dafür aber waren sie Sportwagen im
Wortsinne. Ich meine, es war ein großer Fehler, die renommierte und seit
1923 bestehende Marke Triumph 1984 eingehen zu lassen. Aber es haben
ja noch ganz andere britische Traditionsmarken über die Klinge springen
müssen.

Immobiles Wohnmobil

Schöner Wohnen: schnuckeliges Ergebnis jahrelanger Geldvernichtung

Mit etwas Wehmut erinnerte ich mich bisweilen meines Opel Blitz, der sein ruhmloses Ende auf einem Schrottplatz bei Würzburg gefunden hatte. So verschloss ich mein Herz nicht jenem Angebot, das mir Adrien Maeght 1976 vermittelte, einen Ford Lastwagen Baujahr 1931 betreffend. Der Dreieinhalbtoner gehörte einem ambulanten Textilhändler in Triaucourt – das liegt ein Stück hinter Verdun.

Der Pariser Kunsthändler Maeght, im Nebenberuf Verleger einer Auto-zeitschrift, Inhaber einer Modellauto-Boutique in der Rue de Bac, Exklusiv-Agent für die Lithografien des Künstlers Jean Miró und Gründer eines Auto-museums in Antibes war ein interessanter Mann. Wir hatten uns auf der Retromobile-Ausstellung kennengelernt, auf der Schraders ab 1974 regel-mäßig einen Stand für den Verkauf von Büchern hatten – so lange zumin-dest, wie der Organisator Marc Nicolosi ihn uns kostenlos überließ und wir mit dem französischen Zoll noch keine Schwierigkeiten hatten (der uns ab 1980 derart zu piesacken begann, dass wir der Messe fortan fernblieben). Bei dem Ford-Lastwagen handelte es sich um ein Modell AA als Kastenfahr-zeug mit 750 000 Kilometern auf den Achsen. Es kann eigentlich nicht im Sinne Henry Fords gewesen sein, dass seine Autos eine solch kontraproduk-tive Lebensdauer erreichten …

Eine erste, flüchtige Besichtigung hatten mein Eheweib Mila und ich bei Dunkelheit vorgenommen, und das, was sich im Kegel einer Taschenlampe erkennen ließ, gefiel uns. Daraus ließe sich ein schöner Bücher-Verkaufs-wagen für Messen und Ausstellungen machen, meinten wir, und Monsieur Deville sagte, dass der von ihm seit 1931 verwendete Wagen noch immer gut liefe, sofern man ihm eine neue Batterie zum Starten des Motors spendierte.

Den Preis, den Robert Deville für seinen angeblich fahrbaren Ford ver-langte, war mit umgerechnet 500 Mark bescheiden, und wir versprachen, ihm einen Scheck über die vereinbarte Kaufsumme zu schicken, sobald wir in München wären. Sehr erstaunt waren wir, als der Scheck 14 Tage später bei uns wieder eintraf. Mit einer kurzen Notiz: »Ich habe ihn bei der Bank

Foto aus dem ersten Leben des greisen Ford AA

nicht einlösen können, da er auf den Namen meines kürzlich verstorbenen Mannes ausgestellt ist. Ich bitte um Neuausfertigung auf meinen Namen! Hochachtungsvoll, Witwe Antoinette Deville.«

Hatte den alten Herrn der Schlag getroffen, weil er sich von seinem Auto getrennt hatte, das ihm sein ganzes Berufsleben lang eine mobile Zweitheimat gewesen war?

Meine Kölner Freunde rückten also mit einem VW-Bus der Firma Schrader in Triaucourt an, um in unserem Auftrag den Ford zu holen. Doch der Start vollzog sich, obwohl sie dem Wagen eine neue Batterie spendiert hatten, nicht planmäßig. Der Veteran bewegte sich nur im Schneckentempo, und das auch lediglich bis Verdun. Das waren 49 Kilometer, für die das Team zweieinhalb Stunden brauchte. Als es gar kein Vorwärtskommen mehr gab, stellten sie den Ford an einer Tankstelle ab und bemühten sich dort stundenlang, die Ursache des Infarkts zu finden. Bei der Abnahme des Zylinderkopfs erwies sich, dass ein Kolben durchgebrannt war. Meine cleveren Helfershelfer bauten ihn einschließlich der dazu gehörenden Ventile aus, setzten den Kopf wieder auf und meinten, dass der Motor auch auf drei Zylindern laufen würde. Das tat er nicht.

Ich wartete in München also vergebens auf den beige-schwarzen Lastwagen. Als ich von Johannes Geutebrück am Telefon erfuhr, wie es um das Fahrzeug stand, überantwortete ich das Wrack dem ADAC, der es, als »Rücktransport« deklariert, nach München holte. Eine ziemlich illegale

Aus Robert Devilles Ford-Tagebuch

Angelegenheit, denn es handelte sich faktisch um einen Import. Doch da
der Fahrer des ADAC-Transporters ein gewisser Arthur Ambros war, nach
seiner Fiat-Zeit bei Friedrich Dingfelder jetzt ein Abschlepp- und Überfüh-
rungsspezialist in komplizierten Fällen, ging die Sache reibungslos über die
Bühne. Ambros, das wusste ich, war in jeder Beziehung ein Könner, ein All-
rounder, der keine Probleme kannte, sondern, wie es so schön heißt, nur
Lösungen. Als Transporteur sensibler Frachten erwies er sich noch mehrere Male als ebenso kompetent wie für die Reparatur defekter Fiat-Oldtimer.

Der Ford wurde kein Bücherbus. Auch wenn Mila mit meiner Vorstellung
nicht ganz einig ging, aus dem Auto ein Wohnmobil entstehen zu lassen,
zumal seine Restaurierung sich als sehr aufwendig und damit kostspielig
erwies, verwendete ich viel Zeit darauf, den 3,5-Tonner wieder mobil und vor
allem schön zu machen. Einen großen Teil der Kosten übernahm zum Glück
die Firma Alusuisse, die einen Aufbau aus Aluminium-Verbundstoff auf das
Chassis setzte, unter der Maßgabe, den Wagen auf zwei Ausstellungen als
Werbe-Exponat verwenden zu dürfen. So kam das Auto zu der Ehre, auch
auf der IAA gezeigt zu werden, was jedoch unterm Strich weder der Firma
Alusuisse noch mir etwas nützte. Nur wenige Ausfahrten tätigten wir in dem
Wohnmobil, eingerichtet ganz im Stil der frühen Dreißigerjahre, wie eine
Puppenstube. Und diese wenigen Fahrten führten nicht weiter als in die nä-
here Umgebung der Werkstatt von Gerhard Graus in Bad Aibling, oder nach
Rosenheim zu einer Oldtimer-Veranstaltung und schließlich, nach erfolgter

TÜV-Abnahme, zu einer Garage in der Nähe Münchens. Die Restaurierung und Einrichtung des Ford hatte sich über viele Jahre hingezogen, aber es pressierte ja auch nicht.

Mit dem Wohn-Ford eine schöne lange Expedition zu unternehmen, das wäre mein Wunsch gewesen. Ich dachte an eine Reise zum Mittelmeer, in mehreren Etappen und mit wechselnden Besetzungen. Dass daraus nichts wurde, lag nicht zuletzt an dem fehlenden Leistungsvermögen des (neu aus den USA eingeflogenen) Vierzylindermotors. Er gab wie schon das Original nicht mehr als 40 PS ab, und mit 3,5 Tonnen Lebendgewicht reichte das für maximal 60 km/h. Die Zulassung war auch nur unter der Auflage erteilt worden, keine Autobahn benutzen zu dürfen. Ich stellte schon an geringen Straßensteigungen fest, wie lahm der Motor war und dass er viel zu heiß wurde. Spätestens am Fuß des Brenners wäre die Mittelmeer-Reise zu Ende gewesen. In seinem »ersten Leben« hatte der schwere Ford sich vermutlich nur im französischen Flachland bewegt.

So entschlossen wir uns, ihn wieder abzugeben. Er ging an einen Sammler in den Niederlanden. Der nach Hillegom verkaufte Wagen wurde Exponat im Privatmuseum des Speditionsunternehmers den Hartogh, der etwa 80 antike Nutzfahrzeuge besaß – sämtlich der Marke Ford. Dem Museum angeschlossen war (und ist wohl noch immer) ein Café, betrieben von der Seniorchefin. Als ich mich bei einem Besuch fünf, sechs Jahre später als Vorbesitzer des Wohnmobils zu erkennen gab, wurde ich feierlich zu Kaffee und Kuchen eingeladen, und die Freude ließ sich noch steigern, als ich ein paar Souvenirs aus dem ersten Leben des Ford herausrückte: den von Geutebrück & Co. seinerzeit ausgebauten, zerlöcherten Originalkolben des Motors sowie ein Verzeichnis, das Robert Deville von den Reparaturen und Servicearbeiten an seinem Textil-Lastwagen angelegt hatte.

Mit dem 1985 erfolgten Verkauf des übergewichtigen Ford habe ich die interessante Erfahrung gemacht, wie man erfolgreich einen raschen Abschluss herbeiführen kann. Ein entsprechendes Inserat – mit Foto – war in der »Automobil Revue«, Bern, veröffentlicht worden, ein Fachblatt, das europaweit Leser hatte. Das Inserat erschien zwei Mal, ohne dass sich jemand rührte. Dann aber erhielt ich doch eine Zuschrift, und zwar aus den Niederlanden. Ein Peter Kelder kündigte seinen Besuch an und erbot sich, den Ford gleich mitnehmen zu wollen, sofern ich mit 48 000 Mark zufrieden sei. 75 000 hatte ich haben wollen ... Ich dachte: Lass ihn erst mal kommen und sich das 3,5-Tonnen-Prachtstück anschauen. Er wird sich schon überzeugen lassen, dass der Wagen mehr wert war als 48 000 Piepen.

Vergeblicher Versuch, aus dem Vier- einen Dreizylinder zu machen

Peter Kelder war Chauffeur eines Lastzuges, mit dem er regelmäßig Kartoffeln nach Deutschland zu bringen pflegte. Nach Hause fuhr er stets leer. Er erzählte uns dies, als er wie angekündigt zum Kaffee erschien, wobei er, ohne sich den Ford überhaupt angesehen zu haben, seine Brieftasche hervorholte, 48 Tausendmarkscheine auf den Tisch blätterte und sagte: »Dieses Angebot gilt nur heute. Wenn du es dir erst noch einmal überlegen möchtest – gut, dann komme ich morgen früh wieder. Aber dann zahle ich nur 47 000, und jeden Tag, den du weiterhin zögerst, tausend weniger.«

Ich wollte einwenden, dass er sich doch das Auto erst einmal ansehen müsse, damit wir daran anschließend über den Preis reden könnten. »Ich gehe davon aus, dass der Ford deiner Beschreibung entspricht und erstklassig ist«, sagte Kelder, das vertrauliche Du fortsetzend. »Du bist ein ehrlicher Typ, das sehe ich. Du würdest niemanden übers Ohr hauen. Und gib zu: Du hast zwei Mal inseriert, und gemeldet hat sich niemand.

Ich steckte die 48 Riesen ein. Der Kartoffelmann hatte gewonnen. Dann erzählte er, dass er diese Art der Verhandlungstaktik von seiner Tochter übernommen habe, die einen Handel mit Baumaschinen in Portugal betreibe – mit großem Erfolg. Den Ford hatte er nicht etwa für sich erworben, sondern für seinen Chef den Hartogh in Hillegom. Leider hielt Kelder einen Teil der Abmachung nicht ein: Er hatte versprochen, uns bei seiner nächsten Münchenfahrt ein Dutzend Säcke Kartoffeln mitzubringen – auf die warteten wir vergebens.

Was denn – noch immer kein Rolls-Royce?

Nein, kein Royce. Viel besser: Ein Rover P5 Mk. III Coupé!

Warum meine Zuneigung in früheren Jahren gerade Autos französischer und britischer Herkunft galt, vermag ich nicht zu begründen. Ich gehöre zu jenen Automobilisten, die zwar meinen, ihre Entscheidungen gelegentlich nach rationalen Gesichtspunkten zu treffen, sich aber dennoch überwiegend von emotionalen Aspekten leiten lassen. Um erst anschließend festzustellen, ob ihr Bauchgefühl eine rationale Rechtfertigung erfährt oder ob es wieder mal eine Fehlentscheidung gewesen war, die es so schnell wie möglich zu korrigieren gilt ...

Was denn – noch immer kein Rolls-Royce? Den Spott konnte ich deutlich heraushören, als ich im Kollegenkreis erzählte, ich hätte mir einen Rover zugelegt. Warte nur, bis die berühmte britische Elektrik ihren Geist aufgibt, dann kommst du mit der Karre nicht mehr weit! Aber solche Sprüche nahm ich ja schon längst nicht mehr Ernst.

Als keine Fehlentscheidung erwies sich jedenfalls die Anschaffung jenes Rover 3 Liter, Baureihe P5, wie es sie von 1959 bis 1973 gab. Die Engländer nennen den P5 *the elephant*. Es war eine Limousine Mk.II Baujahr 1964 und wieder einmal ein must have. Nach Deutschland hatten nur sehr wenige Linkslenker ihren Weg gefunden, eher schon mal nach Österreich oder in die Schweiz. Meine nur vier Jahre alte, kastanienrote Limousine stand schon seit Monaten bei einem Schwabinger Autohändler, der sie für zu jung hielt, als dass er sie hätte verschrotten lassen. Der noble Sechszylinder mit Servolenkung, Overdrive-Getriebe, feiner Lederausstattung, Edelholz-Applikationen, Scheibenbremsen, großvolumigem Kofferraum und vielen praktischen Gadgets von der Werkzeugschublade unter dem Armaturenbrett bis zu ausklappbaren Picknicktischchen im Fond war mit einem Bentley T-Type vergleichbar. Dennoch fand er selbst für den geringen Betrag von 750 Mark keinen Käufer – mich natürlich ausgenommen. Ich besaß geradezu einen Sensor für geheime Signale, die von versteckt garagierten Ladenhütern solcher Art ausgestrahlt wurden. So stand ich plötzlich vor diesem majestätischen Rover-Kühler aus rostfreiem Edelstahl und hörte die Scheinwerfer sagen: Du oder keiner! Kaum war der massige Engländer – er ließ sich mit deutschen Papieren und ohne jede Beanstandung durch den TÜV bringen – in meinem Besitz, zog er wie magnetisch zwei beinahe identische Exemplare an. Das muss jetzt der gesamte Rover-P5-Bestand in Bayern gewesen sein, dachte ich, wusste aber noch nicht, dass zwei meiner Freunde, wenn auch erst etwas später, ebenfalls einen P5 ausfindig machten: Stefan Knittel und Harald Fahrenholz.

Die Kettenreaktion begann mit einem hinter mir intensiv die Lichthupe betätigenden Opelfahrer, der mich zum Anhalten bewegen wollte. Erst dachte ich, am Heck meines Rover sei etwas nicht in Ordnung oder ich hätte einen noch nicht von mir bemerkten Platten. Dann stellte sich jedoch heraus, dass mein Verfolger eine durchaus positive Nachricht zu überbringen hatte: »Wenn Sie einen ebensolchen Wagen zu Ausschlachten suchen: bei mir um die Ecke ...«

Und so erwarb ich für Kleingeld einen weiteren, vergammelten P5 Mk.II, um ihn zu zerlegen und die besten, keinem allzu großen Verschleiß ausgesetzt gewesenen Teile für den Fall bestimmter Fälle einzulagern: Türblätter, Scheiben, Armaturen, Zierleisten, Scheinwerfer, Vergaser, den Zylinderkopf und so weiter. Das ausgehöhlte Karosseriegehäuse durfte ich auf einem Grundstück an der Ortseinfahrt von Unterhaching abstellen, denn 1968 gab es noch niemanden, der darin eine umweltschädigende Frevelei sah. Ein paar Wochen später gesellte sich ein weiterer P5 hinzu, diesmal von Erik Eckermann vermittelt und ebenfalls nur als Teileträger zu verwenden. Jetzt besaß ich ein ganzes Arsenal eventuell benötigter original spares; der Kellerraum unserer Hochhauswohnung reichte längst nicht mehr aus, um das alles zu lagern (ich hatte meine liebe Mühe, das Alteisen später wieder loszuwerden).

Der von Erik Eckermann mir angediente Wagen war keine Limousine, sondern ein Coupé. Das hatte zwar ebenfalls vier Türen, aber eine abgesenkte Dachpartie und ein paar stilistische Extras, die dem Wagen gut standen. Wen wundert's, dass ich Lust bekam, mich mit dem Coupé etwas näher zu beschäftigen. Doch das Auto wies viel zu viel Rost auf, als dass eine Aufarbeitung auch nur im Entferntesten sinnvoll gewesen wäre. Deshalb plünderte ich es ebenfalls aus.

Da ich mit meinem Rover Nummer Eins und diversen anderen Autos mit Spielzeug in ausreichendem Maß versorgt war, rückte der Wunsch nach einem guten P5 Coupé zunächst in den Hintergrund. Erst 1976 schaltete das Schicksal seine Automatik wieder ein. Als regelmäßiger Leser der

Wie beruhigend: Auch der österreichische Bundeskanzler soll einen P5 als Dienstwagen benutzt haben

»Automobil Revue« entdeckte ich ein Inserat, in welchem in der Schweiz für nur 1000 Franken ein 1966er Mk.III Coupé angeboten wurde.

Das Auto war weiß lackiert und hatte Linkslenkung sowie eine rote Lederausstattung. Es gehörte einem Rennfahrer, der den Wagen als Trailer-Zugfahrzeug für seinen Formel-3-Wagen verwendet hatte. Da gab es zwar ein paar Kleinigkeiten, die gerichtet gehörten, aber im Großen und Ganzen war das Coupé trotz 120 000 Kilometer Fahrleistung in einem guten Zustand. Was sich auch nicht als Täuschung entpuppte, als ich bei Tageslicht eine gründlichere Inspektion vornahm, denn (und das war nicht das erste Mal) ich hatte das Auto nach Einbruch der Dunkelheit gekauft im Vertrauen darauf, dass der Herr Rennfahrer – das sind alles anständige Menschen! – mir kein X für ein U vorgemacht hatte.

Da ich es wieder einmal nicht lassen konnte, den Wagen nach meinen Vorstellungen zu idealisieren, ließ ich ihn in München olivgrün umlackieren. Das war ein Farbton aus der Peugeot-Palette für die Modellreihe 604. Aber was dem Peugeot ausgezeichnet stand, geriet dem Rover eher zum Nachteil. Das Oliv ließ das Auto aussehen wie einen Dienstwagen der Sowjetischen Kommandantur in Ost-Berlin. Also brachte ich nur wenig später meinen Traumwagen zu Klaus Freund, der in München-Riem eine kleine Privatwerkstatt betrieb und eigentlich ein Jaguar-Spezi war. Ihm musste

Mit dem Rover Coupé in Amsterdam. Noch mit der sowjetisch-olivgrünen Lackierung

ich nicht lange erklären, was verkehrt gelaufen war. Von sich aus schlug er vor, die Karosserie dunkelblau zu lackieren, und bei dieser Gelegenheit nahmen er und seine Frau auch das gesamte Interieur heraus – und nicht nur das. Einmal am Werk, zerlegten die beiden das Auto in tausende Teile, überholten oder erneuerten alles, was eine solche Prozedur verdiente, und präsentierten mir nach einem halben Jahr einen totalrestaurierten P5, einschließlich neu verchromter Teile, neuer 15-Zoll-Reifen, versteckt eingebautem Radio, einer erneuerten Innenausstattung in rotem Rindleder und einem schneeweißen Moltonhimmel. Klaus Freund & Gemahlin hatten ein künstlerisches Gesamtwerk vollbracht, und wer außer mir je das Vergnügen genießen durfte, in der kleinen Riemer Werkstatt eine Restaurierung durchführen zu lassen, wird mir zustimmen, dass sie das höchste Prädikat verdiente. Viel zu früh verabschiedete sich der kleine, drahtige Meister in den Himmel der Spitzenkönner.

Nicht weniger als 21 Jahre lang durfte ich das Rover Coupé mein Eigen nennen. Es hat unendliche viele Reisen ertragen, lausig kalte Frostnächte im Freien ausgehalten, versäumte Ölwechsel verziehen und sprang auch bei völlig leerer Batterie an – denn da gab es eine schöne, altmodische Andrehkurbel, die man in solchem Fall in die Mittelstrebe des Kühlergrills steckte, um den Motor per Hand anzuwerfen. Ein Ruck nach rechts, und die Maschine nahm ihre Arbeit auf. Nur eine einzige Reparatur wurde im Verlauf der zwei Jahrzehnte fällig: der Austausch des Auslasskrümmers. Den hatte es durch einen Temperaturschock zerrissen, als Mila nach schneller Autobahnfahrt Richtung München in ein Unwetter geraten und tiefe Wasserlachen zu durchpflügen gezwungen war. Mila und die an Bord befindlichen Kinder hatten ihr akustisches Extraerlebnis …

Leider gab ich den Rover in unwürdige Hände ab. Der junge Mann aus der Region Marktheidenfeld gab zwar vor, ein Liebhaber solcher Autos zu sein, stellte den Rover aber anschließend für mehrere Jahre in die Garage in der Erwartung, sein Wert werde sich alle sechs Monate verdoppeln. Er hatte irgendwo mal gehört, dass Oldtimer eine fabelhafte Geldanlage seien. Nur war seiner Aufmerksamkeit entgangen, dass zu diesem »Insidertipp« auch die Empfehlung gehörte, einem langfristig abgestellten Wagen kontinuierliche Pflege angedeihen zu lassen. Aber mein Jüngling aus dem Frankenland kümmerte sich um das Auto so gut wie gar nicht, wie mir ein Rover-Fan angelegentlich mitteilte. Er war dort erschienen, weil er das Coupé gern erworben hätte – aber nicht zu dem geforderten Preis, und schon gar nicht in einem so ungepflegten Zustand. Nun ja, nicht jeder Greis hat das Glück, in einem Senioren-Pflegeheim erster Klasse zu landen.

Vom Mitnehmen und Mitgenommen-werden

Was immer Sie – als Automobilist – unter einem Mitnehmer verstehen: Vielleicht so ein Ding am Zündverteiler des Motors ...? Am wenigsten denken Sie dabei wohl an mich. Dabei war ich »zu meiner Zeit« ein typischer Mitnehmer – und auch oft genug ein Mitgenommener. Damals, als das Reisen per Anhalter, von Anglophilen auch Hitchhiking genannt oder Trampen oder Autostopp, noch eine alltägliche Variante des Tourismus darstellte. Der Tramper (hitchhikende Damen als Tramperinnen zu bezeichnen, war nicht üblich; das waren bestenfalls weibliche Tramper!) stand am Straßenrand, an der Einfahrt eines Autobahnzubringers oder an einer Tankstelle, mit dem Daumen winkend oder auch nicht, mit oder ohne Pappschild mit der Aufschrift »bitte München« oder »Richtung Paris« oder »Student Wuppertal« – und hoffte darauf, dass eine mitfühlende Seele sich des (oder der) geduldig Wartenden an- und ihn (oder sie) ein Stück weit des Weges mitnahm, mangels eigenen Fahrzeugs, oder auch mangels Fahrgeldes, das zum Erreichen des Ziels per Bahn oder Bus erforderlich gewesen wäre.

Das Reisen per Autostopp war nach dem Krieg bis in die Sechzigerjahre in ganz Europa gang und gäbe. Hunderte von Kilometern habe ich in einer Zeit auf diese Weise zurückgelegt, als ich noch knapp bei Kasse war, und eingedenk der Gefälligkeiten, die man mir in dieser Beziehung so oft erwiesen hat, habe ich nachher, als ich selbst ein Auto besaß, so manchen Tramper gern an Bord genommen, der sich in der gleichen Verlegenheit befand wie ich selbst nur wenige Jahre zuvor. Ja, auch weibliche Tramper, danach hätten Sie jetzt nicht fragen müssen.

Freilich, da kursierten – und kursieren noch immer – Horrorgeschichten von ausgeraubten oder gar ermordeten Automobilisten, die das Opfer mitgenommener Anhalter geworden waren. Aber man hörte auch Schlimmes von arglosen Anhaltern, vor allem Frauen und jungen Mädchen, die in Autos eingestiegen waren, deren Fahrer früher oder später höchst unrühmlich in die Kriminalstatistik eingingen. Doch die Wahrscheinlichkeit war gering, als Tramper gerade an einen Verbrecher am Volant zu gelangen oder als

Autofahrer einen potenziellen Raubmörder aufzugabeln, der mit Isomatte und Gitarre von Straßburg nach Avignon unterwegs ist.

Wer heute per Anhalter unterwegs ist, gehört meist zu jenen Discobesuchern, denen für die Heimfahrt zur tiefen Nachtzeit weder fahrplanmäßig verkehrende Busse noch Züge oder private Fahrzeuge zur Verfügung stehen. Und diese Situation machen sich kriminalaktive Dunkelmänner gelegentlich zunutze, was dann zu grausigen Zeitungsmeldungen führt wie diese, die im August 2007 in der »WELT« zu lesen war: »[...] der Täter hatte es insbesondere auf Tramperinnen abgesehen. Zwischen 1983 und 1990 erdrosselte er fünf Mädchen und Frauen im Alter zwischen 15 und 31 Jahren nach abendlichen Besuchen bei Freunden oder in Diskotheken [...]« Aus aller Welt erreichen uns auch heute immer wieder einmal solche Schreckensnachrichten.

Keine Art des Reisens, die nicht irgendein Risiko bergen würde. Postkutschen und ganze Eisenbahnzüge wurden einst überfallen, Flugzeuge stürzen ab, Kreuzfahrtschiffe schlitzen sich den Rumpf auf, Omnibusse stürzen Brücken hinunter, Karawanen werden von Sandstürmen zugeweht, Wandersleute verirren sich im Teutoburger Wald ... Von der »normalen« Unfallbilanz auf den Verkehrsstraßen ganz zu schweigen. Nicht immer ist der Heilige Christophorus im rechten Augenblick zur Stelle und bewahrt die ihm angeblich Anvertrauten vor Gefahren. Aber wie es scheint, hatte er mich während meiner – inzwischen lange zurückliegenden – Tramperjahre behütend im Auge, ebenso all jene, die ich kannte und kenne und die ihren Reisedaumen wie ich stets mit Glück und Erfolg benutzt haben.

Genau vermag ich es nicht mehr zu rekonstruieren, wie viele Reisen ich per Anhalter einst absolviert habe. Einige aber verbanden sich mit kleinen Abenteuern, und auch die waren typisch für ihre Zeit. Deshalb habe ich versucht, sie mir ins Gedächtnis zurückzuholen – und siehe da: In der großen Schublade der Erinnerungen fand sich zu diesem Thema doch eine ganze Menge.

VIVE LA REVOLUTION:

Mademoiselle Lannarschie

Anarchisten bitte einsteigen: Unfallwagen Renault R16

Unruhen in Paris, Mai 1968

Im Frühjahr 1968 erhielt ich einen Auftrag von der Redaktion der Zeitschrift »Moderne Frau«. Man bat mich um eine Reportage über die wunderbaren neuen Feriensiedlungen, die damals in der Camargue gebaut wurden. Man überwies mir einen ordentlichen Reisekostenvorschuss, und auch um ein Auto brauchte ich mich nicht zu kümmern; die Redaktion hatte veranlasst, dass ich einen Renault 16-Pressewagen bekam.

Ich steuerte also via Brühl, wo ich den Renault in Empfang nahm, die französische Mittelmeerküste an und suchte jene Plätze auf, an denen jene neuen Feriensiedlungen aus Beton und Glas entstanden oder noch entstehen sollten. Doch ich war nicht konzentriert bei der Sache: Am zweiten Sonntag meiner Reportagereise übersah ich, irgendwelchen Gedanken nachhängend, einen vorfahrtberechtigten Wagen auf einem Weg durch die Landschaft der ausgetrockneten Küstensümpfe und landete mit erheblichem Blechschaden im Abseits. Niemand trug Verletzungen davon; die unfallgegnerische Familie lud mich anschließend sogar zum Strandpicknick ein, während mein Renault in eine Werkstatt abgeschleppt wurde. Alles war gut. Der Rosé zu den Scampi sowieso.

Ich konnte meine Reise am folgenden Nachmittag auf eigener Achse fortsetzen, und ich hatte ja auch einen kleinen Umweg vor, ehe ich das verbeulte Auto wieder in Brühl abgab ... Nämlich einen Abstecher zu meinem Freund Paul in Crowborough, und das liegt in England. Den nur behelfsmäßig gerichteten Kotflügel meines Renault betrachteten die britischen Hafenbeamten zwar mit Stirnrunzeln, aber sie hielten mich nicht auf. Crazy German!

Der Mai 1968 war bekanntlich geprägt von Studentenunruhen in Deutschland und vor allem in Frankreich. In München hatte ich vor meiner Abreise davon einiges mitbekommen, wenngleich auch das »normale« Leben durch Besetzungen Schwabinger Straßenbahnschienen keine Beeinträchtigung erfuhr. Doch auf meiner Fahrt von Südfrankreich zur Kanalküste hatte ich insoweit ein diesbezügliches Direkterlebnis, als mir an einer Tankstelle eine Studentin als Anhalterin zustieg: schottenkarierter Minirock, schwarze

Stiefel, enganliegender Rollkragenpullover. Sie war auf dem Weg nach Paris zu einer Demo und trug neben einer Art Tabaksbeutel, der ihr um den Hals hing, als einziges Gepäck ein Textilbündel bei sich (es war ein Transparent, dessen Aufschrift mir allerdings verborgen blieb). Über eine Distanz von knapp 300 Kilometern versuchte sie mir auseinanderzusetzen, was sich an der Bourgeoisie im Allgemeinen und am französischen Hochschulwesen im Besonderen dringend ändern müsse, sofort und gegen jeden Widerstand der verknöcherten Verwaltung der ganzen Republik. In meinen Renault sei sie nur eingestiegen, weil er eine kaputte Kiste sei, die ganz gewiss keinem Bürokraten oder Pedanten gehöre ... Mit solch verbeulten Stück Eisen fahren die doch nicht durch die Gegend! Am liebsten wäre sie wohl in einen verwahrlosten 2 CV ohne Dach eingestiegen, dachte ich, aber mit dem wäre sie niemals pünktlich zu ihrer Demo gelangt – falls überhaupt. Mein zerknautschter rechter Kotflügel war also zum Sympathieträger geworden.

Die Revoluzzerin hatte etwas vom kratzigen Charme einer Linda Ronstadt und anatomischen Attraktivität der Bardot, mit einer Prise Helen-Vita-Beimischung, war aber nicht größer als die Piaf (wem die Namen nichts sagen, bitte googeln!). Zwar verstand ich längst nicht alles, wovon sie sprach, aber je länger ich ihr zuhörte (gelegentlich nickte ich, um zu signalisieren, dass ich ein aufmerksamer Schüler war), desto mehr senkte ich das Tempo, um die Anwesenheit der hübschen und obendrein so intelligent parlierenden, so kess gestiefelten Urenkelin einer Johanna von Orleans neben mir ausgiebig genießen zu können. Häufig fiel das Wort l'anarchie, das ich erst missverstand – ich dachte, ihr Vorname spräche sich so aus. Die Frage, ob ich ihr eine Zigarette spendieren könnte, musste ich leider verneinen – beim Fahrer eines 2 CV hätte Mademoiselle Lannarschie sicher bessere Chancen gehabt, ein paar Gitanes oder Gauloises abzustauben.

Am Verteiler von Crétail bat meine unterhaltsame Begleiterin, aussteigen zu dürfen, um mit der Metro in die City zu fahren. Es war jetzt so gegen vier Uhr nachmittags. Sie gab ihrem geduldigen, beinahe zur Anarchie bekehrten Zuhörer aus Allemagne zwei Küsschen auf die Wangen und vergaß, ihr zusammengerolltes Transparent vom Rücksitz zu angeln. Ich bemerkte das erst, als ich eine Stunde später an einer Raststätte anhielt. So nahm ich das Andenken an drei angenehme Stunden mit nach Crowborough und überließ es Paul, der damit ein greises Motorrad in einem seiner Schuppen abdeckte. Sicher hatte Lannarschie viel Mühe darauf verwendet, auf das Bettlaken die Parole PAS AVEC NOUS zu malen. Nicht besonders schön übrigens, wie ich fand; das P war viel zu breit geraten. Ich hätte das besser hingekriegt.

Elsässische Flötentöne

Die Franzosen, das weiß ich aus langjähriger Kommunikation mit einigen von ihnen, belieben Automobile als weiblichen Geschlechts zu definieren. Bei ihnen heißt es *une* Mercédès (mit diversen Akzenten geschrieben), *une* Bugatti, *une* Jaguar, *une* Lancia, *une* Peugeot – nun ja, *la voiture* ist ja ebenfalls eine Dame. »Die« Fahrzeug also. Wie ja auch Schiffe weiblichen Geschlechts sind. Und selbst wir sagen: die MS DEUTSCHLAND (obwohl MS für das Motorschiff steht), die GORCH FOCK, die BISMARCK, die WINDSPIEL III. Aber ich habe, als ich mit dem Land Rover Discovery 2004 in Frankreich unterwegs war, dort niemanden sagen hören: une Land Rover. Es gibt nämlich Autos, die werden selbst von Franzosen, Charmeure die sie gerne sind, als maskulin empfunden. Der Land Rover ist eines dieser Machomobile (auch wenn die Schweizer ihn als »Landi« verniedlichen). Er gehört unverkennbar dem starken Geschlecht an, vor allem, wenn er einen Fünfzylinder-Dieselmotor unter der Motorhaube hat.

Mit einem solchen britischen Maskulinum namens Discovery war ich rund 2500 Kilometer in Frankreich unterwegs, davon 1200 auf Bergstraßen in den Vogesen, und ich kam mir dort vor wie auf einem Hochsee-Fischkutter auf falschem Kurs ... Starke Geräuschentwicklung, Schlingern und Stampfen, Kommandobrücken-Feeling, alles stimmte – nur der Geruch des Kabeljau fehlte (den kompensierte so manche Zwiebelquiche mit Riesling-Beigabe). Aber der Discovery erwies sich als ein feines Auto für fette Weinflaschen-Zuladung und auch zum Bewältigen abgesoffener Baustellen.

Nur eine einzige Enttäuschung erlebte ich mit dem Discovery, doch die betraf nicht ihn selbst, sondern einen Gauner, dem ich beinahe aufgesessen wäre. Wie so viele seiner Zunft hatte er das Auftreten eines Gentleman aus besseren Kreisen, der »zufällig in eine Notsituation geraten« war, wie er sagte. Ich ließ ihn einsteigen, weil er überzeugend darzulegen verstand, dass man ihm auf dem Autobahnrastplatz an der N83 seinen Audi gestohlen hatte, während er nur mal eben auf der Toilette war. Papiere, Geld, Handy – alles habe er im Wagen gelassen, für fünf Minuten nur, und jetzt … Der arme Kerl, angeblich und auch dem Akzent nach Schweizer, bat mich, sein Konsulat in Straßburg anzurufen, um die Öffnungszeiten zu erfragen, bat aber auch um das Vorstrecken von bitte sehr 50 Euro für eine Mahlzeit und die Weiterfahrt mit der Bahn. Ich rief also per Mobiltelefon beim Schweizer Konsulat in Straßburg an und versprach, dem armen Kerl in Hose und Hemd und Krawatte, aber ohne Jackett, 50 Euro zu leihen, zumal er mir einen Namen und eine Anschrift auf einen Zettel schrieb, samt E-Mail-Adresse. Die Polizei – ja, die werde er selbstverständlich auch noch einschalten, in Colmar, wohin ich unterwegs war und wo er auszusteigen vorhatte.

Dann erzählte mein Einsteiger von seiner Firma in der Schweiz, die angeblich Schneekanonen herstellte und auf diesem Gebiet Weltruf habe. »Warum wollen Sie erst nach Straßburg, warum rufen wir nicht bei Ihnen im Büro an und bitten, dass Sie jemand in Colmar abholt?«, fragte ich ihn. »Da ist jetzt niemand, wir haben gerade Betriebsferien«, erhielt ich zur Antwort. Plötzlich hatte ich das Gefühl, dass es besser wäre, ihn baldmöglichst aussteigen zu lassen. Was er mir keineswegs übelnahm. Der Bursche hatte bemerkt, dass ich ihn durchschaut hatte und schien froh zu sein, dass ich ihn nicht bei einer Gendarmeriestation ablieferte … Auf dem Konsulat haben sie auf den Herrn sicher vergeblich gewartet.

Dass mein Verdacht gerechtfertigt war, erwies sich schon bald nach meiner Rückkehr. Es gab in der Schweiz weder eine Schneekanonenfirma unter der Bezeichnung, die er mir aufgeschrieben hatte, noch die angegebene E-Mail-Adresse. Ich fragte mich nur, wo der Gauner seine Jacke gelassen hatte. Aber er dürfte per Autostopp wohl an die Zusteigestelle zurückgelangt sein und hatte dort irgendwo seine Siebensachen deponiert.

Eine knappe Stunde, nachdem ich den Schneekanonier wieder aus dem Wagen komplimentiert hatte, stieg der nächste Anhalter zu: ein etwa neun- bis zehnjähriges Mädchen. Hatte ich für heute die Nase noch nicht voll von Trampern? Ich nahm die kleine Daumenwinkerin aber mit, um irgendjemandem zuvorzukommen, der aus einer solchen Situation eventuell ein Unglück gemacht hätte. Die blondzöpfige Maid war neben der Bezirksstraße D15 entlang gewandert, weil sie, wie sie sagte, ihren Bus verpasst hatte, der sie zur Musikschule bringen sollte, deshalb hätte sie halt versucht, per Autostopp vom Dorf in die Stadt zu gelangen …

Was für ein Instrument sie denn spiele, fragte ich die junge Dame, während ich den Bus der Linie 444 überholte, den sie wenige Minuten zuvor versäumt hatte. »Voilà, da sitzen meine Freundinnen drin, und jetzt komme ich sogar noch vor ihnen an!«, kommentierte sie mit Stolz in der Stimme mein Überholmanöver.

Ich wiederholte meine Frage. »La flûte à bec« (Blockflöte), antwortete sie und zeigt auf ein Etui, das sie in der Hand hielt. »Und welche Lieder kannst du schon?«

»… sais pas …« (weiß nicht)

»Aber die Marseillaise doch sicher!«

»… sais pas …«

Ich pfiff ihr die ersten acht Töne der Marseillaise vor. »Wie heißt das Lied noch?«, fragte sie.

»La Marseillaise! Die Nationalhymne!«

»Wenn die aus Marseille kommt, dann brauchen wir die hier im Elsass nicht. Marseille ist weit weg, das liegt am Mittelmeer.«

Also wenigstens in Geografie schien sie Bescheid zu wissen. Mir etwas aus ihrem Repertoire vorzuflöten, lehnte die Blondbezopfte ab.

Dennoch war es mit ihren Geografiekenntnissen nicht weit her, denn die junge Musikerin konnte mir weder den Namen der Stadt nennen, wohin sie wollte (»Es ist die nächste«), noch die Straße, in welcher sich ihre Musikschule befand. Nach Befragen mehrerer Passanten in der »nächsten« Stadt – es war Rouffach – konnte ich mein Findelkind unbeschadet an der Ecole de Musique in der Rue de Bâle abliefern, nicht ohne die Ermahnung: »Steig aber bitte nie wieder in das Auto eines Fremden ein, hörst du?!« Worauf ich zur Antwort erhielt: »Aber wenn es doch so wunderbar ist wie Ihres?« Ich nehme an, dass der ehrliche, solide und charaktervolle Auftritt des Land Rover dem Mädchen ein gewisses Maß an Vertrauen vermittelt hat; in jedes beliebige Playmobil wäre die jugendliche Flötistin, hoffe ich sehr, nicht zugestiegen. Was wird aus ihr geworden sein? Womöglich pfeift sie heute bei den Straßburger Philharmonikern Mozarts Flötenkonzert Nummer Eins in G-Dur. Dann würde ich es mir zugute halten, sie einst pünktlich zu einer vielleicht sehr wichtigen Unterrichtsstunde gefahren zu haben. Irgendwann wird man ihr auch die Flötentöne der französischen Nationalhymne beigebracht haben, denke ich.

Kein Hühnerdiebstahl bekannt

Im Januar 1959 hatte ich aus Gründen, die hier darzulegen viel zu weit führen und vom Thema nur ablenken würden, in Südfrankreich zu tun (genauer: nichts zu tun) und dessen ungeachtet Veranlassung, vorübergehend zurück nach Deutschland zu reisen. Und zwar möglichst preisgünstig. Also per Autostopp.

Mein temporäres Standquartier war Marseille. Bis Lyon kam ich auf meiner Reise zügig voran. Jahreszeitlich bedingt lag in den mittleren und nördlichen Regionen Frankreichs aber Schnee, und ein Autostopper vermochte in Anbetracht der weiß-glatten Fahrbahn kaum einen Wagenlenker zu veranlassen, auf freier Landstraße ohne zwingenden Grund anzuhalten. So bewegte ich mich, frierend und nicht besonders gut gelaunt, nur langsam von der Stelle und legte auf der Nationalstraße Nr. 6 etliche Kilometer immer wieder mal zu Fuß zurück, mich ständig umblickend, ob nicht doch ein Auto käme und hielte. Durch ein Missverständnis in der Kommunikation mit einem Fahrer war ich schließlich auf eine Provinzchaussee geraten, die noch weniger befahren war. Näherte sich endlich ein Wagen, blieb ich stehen und schwang den Daumen – jetzt erst recht vergebens. Und bot sich endlich mal eine Chance zuzusteigen, ging die Fahrt meist nur bis zum nächsten Dorf. Schon stand ich wieder am Straßenrand und winkte.

Auf einer dieser Etappen gen Norden sammelte mich kurz hinter der Ortschaft Arbigny eine junge Frau in ihrem kleinen Renault 4CV auf, die mit ihrem Kind auf dem Weg zum Krankenhaus war. Es begann bereits zu dämmern. Ich wäre noch gern bis Chalon-sur-Sâone gekommen. Sie ließ mich nur deshalb einsteigen, weil sie jemand zum Schieben an Bord haben wollte, falls sie auf der verschneiten Piste in eine Schneewehe geraten sollte. Was dann auch prompt eintraf. Durch ihre etwas zu nervöse Fahrweise geriet Madame ins Abseits. Das Auto drehte sich zweimal, dann lag es mit etwas Schlagseite an der Böschung des zugeschneiten Grabens. Da waren auch die Bemühungen ihres aufgelesenen Mitfahrers vergebens, der es kaum zuwege brachte, seinen Sitz zu verlassen, geschweige denn, die Heckschleuder wieder auf die Straße zu schieben, während Madame mit viel zu viel Gas die Räder durchdrehen ließ. Die Hinterräder des Autos gruben sich immer tiefer in den Schnee ein. »Unternehmen Sie etwas, schnell! Schnell!«, jammerte die zu Recht besorgte Mutter. »Retten Sie mein Kind! Es ist nicht nur krank, sondern es friert auch!«

In Sichtweite gewahrte ich in der Dämmerung ein Gehöft und stapfte über ein verschneites Feld darauf zu. Es gelang mir, den Bauern zum Besteigen und Starten eines Traktors zu bewegen, womit mindestens eine halbe Stunde verging, doch bei unserm Eintreffen vor Ort waren auch schon andere Helfer zur Stelle: nämlich die Besatzung eines Gendarmeriewagens. Beiläufig, aber eindringlich und unter dreifacher Taschenlampenbestrahlung wurde ich gefragt, was der Grund meiner Anwesenheit sei, und als ich meine Geschichte zu erzählen begann, während der geborgene 4CV auf- und davonfuhr, nahmen mich die Gendarmen kurzerhand mit auf die Revierwache in Sennecey und telefonierten dort im ganzen Département herum, um nach verdächtigen Vorkommnissen zu fragen. Aber es schienen weder Mundraub- noch Einbruch- oder Hühnerdiebstahl-Delikte gemeldet worden zu sein. Damit hatte ich mir einen Kaffee aus der polizeilichen Thermoskanne verdient. Anschließend chauffierte mich einer der Herren mit dem Dienstwagen zum Bahnhof von Chalon – das fand ich durchaus nett von ihm, denn es war ja spät geworden, und in der Dunkelheit hätte ich meine Tramperei sowieso nicht fortsetzen wollen. Der Sous-Officier (zwei Winkel auf dem Ärmel) entließ mich der ernst vorgetragenen Aufforderung, den Rest meiner Heimreise mit dem Zug fortzusetzen, jedoch nicht ohne vorher den Bestand meiner Barmittel geprüft zu haben; sie wollten der Staatsbahn SNCF offenbar keinen Schwarzfahrer andienen.

Das kranke Kindlein auf dem Rücksitz des 4 CV hat's, wie ich hoffe, überlebt. Es müsste heute etwa 57 Jahre alt sein und wird sich an die Geschichte vermutlich nicht erinnern. Aber vielleicht hat die Mama ihm den ersten Teil dieser Geschichte ja mal erzählt, und den zweiten könnte es hier erfahren, sofern es des Deutschen mächtig ist.

Fünf Mann auf einer Lkw-Pritsche

Warten auf dem Lkw-Frachthof: Wer nimmt uns mit?

Nicht einmal andeutungsweise vorstellbar sind heute Reisen, wie wir sie in den Fünfziger-
jahren von Berlin in die damalige
Westzone unternahmen – per Anhalter und ohne die geringsten Bedenken, dass da etwas schiefgehen
könnte. Wir verließen uns auf unser Glück und auf gewisse Erfah-
rungswerte.

Für den Sommer des Jahres
1952 planten vier meiner Freunde
und ich eine Faltboot-Paddeltour
auf der Weser von Hannoversch-
Münden nach Bremen. Die Grup-
pe bestand aus Günther Hopf und

Ermüdete Anhalter an der Zonengrenze, 1952

seinem Bruder Dietsch, Harrar Noesselt und Rudi Steinmetz sowie meiner
damals 16-jährigen und damit jüngsten Kleinigkeit. Günther und Harrar be-
setzten einen Zweier, Rudi und Dietsch ebenfalls, ich fuhr einen Eskimo-
kajak. Um auf die preisgünstigste Art und Weise von Berlin nach Hannoversch-Münden zu gelangen, folgte die Expedition dem genialen Vorschlag
ihres jüngsten Teilnehmers, sich samt umfangreichem Faltboot-und-Zelt-
Gepäck zu jenem zentralen Autohof an der Berliner Avus zu begeben, an
welchem sich die interzonalen Lastwagen zu sammeln pflegten, bevor sie in
Konvois zu vier oder fünf Zügen die damals von der Sowjetzone umschlos-
sene Insel Berlin in Richtung Bundesrepublik verließen. Man musste nur
die Geduld aufbringen, ein Dutzend oder auch mehr Lkw-Fahrer zu fragen,
ob sie eine so wertvolle Ladung wie fünf vertrauenerweckende junge Männer mit mehreren Zentnern Feriengepäck bis Helmstedt oder Braunschweig
mitzunehmen bereit wären, auf einer vielleicht nicht komplett befrachteten

Anhängerpritsche und gegen ein möglichst moderates Entgelt. Ich möchte meinen, dass es auch damals schon gegen die Straßenverkehrsordnung verstieß, Personen auf der Plattform eines Nutzfahrzeugs zu befördern. Aber zehn Mark Nebeneinnahmen pro Person stellten für einen Lastwagenfahrer ein attraktives Zubrot dar. Und da die meisten Lastzüge mit westdeutschem Frachtgut nach Berlin hinein- und leer wieder herausfuhren, standen die Chancen gut, mitgenommen zu werden.

Wir machten tatsächlich einen Speditionschauffeur ausfindig, der mit einem Leerfahrzeug von Berlin nach Helmstedt zu fahren hatte und uns aufzusteigen erlaubte. Die vier Grenzübergänge, die es zu passieren galt (Ausreise West-Berlin, Einreise DDR, Ausreise DDR, Einreise Westdeutschland), bedeuteten zwar Aufenthalte von mehreren Stunden, weil es keinen Grenzbeamten gab, der nicht Dienst nach Vorschrift tat, egal auf welcher Seite der Schlagbäume, aber da wir fünf über vorher beantragte Interzonenpässe und Carnets für die Faltboote verfügten, gab es für uns zumindest keine Komplikationen formaler Art. Kein Beamter nahm Anstoß an der menschlichen Fracht auf der Ladepritsche.

Die Weiterreise von Helmstedt nach Hannoversch-Münden absolvierten wir allerdings mit einem Linienbus: Fünf Mann und drei Boote hatten absolut keine Chance, direkt ab Zonengrenze einen leeren Lastwagen in die Provinz zu erobern. Busfahren ging ins Geld.

Doch für die Reise von Bremen zurück nach Berlin, nach zehn Tagen Weser-Paddelfahrt, haben wir Fünf mit unserer umfangreichen Bootsfracht dann wieder einen Lastwagen finden können, der uns gegen eine geringe Gebühr mitnahm. Es galt nur, nicht aufzugeben und zu fragen und zu fragen. Schließlich erklärte sich einer der »Kapitäne der Landstraße« bereit, auf der Pritsche die Jungs mitzunehmen, die wieder nach Hause wollten, mit ihren Booten und Zelten ... und das sogar ohne finanzielle Gegenleistung. Die wäre sowieso sehr gering ausgefallen, denn wir fünf waren so gut wie pleite.

Navigationssystem der irischen Art

Mein französischer Freund Antoine und ich waren in den Außenbezirken der irischen Hafenstadt Cork unterwegs, mit einem modernen Wagen zwar, aber ohne ein »Navi«, das 2005 schon in vielen Autos zur Ausstattung gehörte. Er kenne sich aus in dieser Gegend, hatte Antoine gesagt, ich könne ihm vertrauen; er sei schon mehrere Male in Irland unterwegs gewesen. Er hatte nicht einmal eine Straßenkarte der Region an Bord. Nur die Karikatur eines Stadtplans von Cork, den wir gratis im Café der Autofährgesellschaft im Ringaskiddy Port erhalten hatten.

Wir suchten eine Straße, die auf der sogenannten City Map leider nicht verzeichnet war, und dort ein Haus, dessen Nummer Antoine ebenfalls nicht wusste ... Aber er kenne sich ja aus, hatte er gesagt. Mein Freund hatte bei einem Patrick O'Brian per eBay nämlich eine Partie seltener alter Bücher ersteigert und wollte sie abholen, weil er dem Versand per Post nicht traute. Ein schöner Anlass, im Rahmen eines Weekend-Ausflugs von Roskoff – ich wohnte zu jener Zeit in Nordfrankreich – mal eben nach Cork überzusetzen. »Mal eben« zweimal 14 unangenehme Stunden auf einem von atlantischen Tiefausläufern heimgesuchten Meer in Gesellschaft eines Bücher-Besessenen, der kein anderes Thema kannte als die Motorliteratur der Dreißigerjahre. Das ließ sich bei zollfreiem irischem Whisky gerade noch aushalten.

So irrten wir also in den nordwestlichen Außenbezirken der Stadt Cork herum, natürlich längst wieder nüchtern und immer schön auf der linken Straßenseite, und hatten keine Ahnung, wohin uns der Weg führen würde.

Sein Mobiltelefon, mit dem man Mr. O'Brian hätte anrufen können, hatte Antoine daheim vergessen. Meins hatte ich ebenfalls nicht dabei, denn ich gehörte schon damals zu jenen, die auf Klingeltöne in der Jackentasche sowieso allergisch reagieren. Es blieb Antoine nichts weiter übrig, als seinen Chrysler Voyager endlich anzuhalten, um einen Passanten zu konsultieren. Uns erschien dieser in Gestalt eines Spaziergängers mit einem riesigen Hund, einem Irish Wolfshound. He was walking the dog, wie man so sagt, wo Englisch gesprochen wird.

Ja, natürlich kannte er die Sackgasse, die wir suchten, und noch besser: Jener Patrick O'Brian schien ein Bekannter von ihm zu sein, sodass er auch das nummernlose Haus beschreiben konnte! Dies tat er aber leider in einem Slang, den weder Antoine noch ich recht verstanden, sodass sich der Dogwalker kurzerhand bereit erklärte, einzusteigen, samt seinem – sich dagegen sichtlich sträubenden – vierbeinigen Begleiter natürlich, um uns an jene Adresse zu führen, die wir niemals allein gefunden hätten. Herr und Hund hatten reichlich Platz im Fond, wobei es uns schien, als sei das weißgraue Zotteltier zum ersten Mal an Bord eines Automobils. Der bis zum Schädel wohl einen guten Meter messende Kerl kam der mehrmaligen Aufforderung »Sit!!!« nicht nach, blieb eingekniffenen Schwanzes zwischen Antoines leeren Bananenkartons beharrlich stehen und knurrte. Was der Brave denn so wöge, fragte ich nach hinten. »Nine stones bringt er schon auf die Waage«, bekam ich zur Antwort. Das sind 57 Kilogramm. Oder sieben Dackel. Was, wenn der Knurrhund in Panik geraten und Antoine in den Nacken beißen würde …?

Diese meine Befürchtung erwies sich zum Glück als unnötig. Unser neben dem Hund auf dem Boden kniende Fahrgast – die Rücksitzbank war ausgebaut – lotste uns in eine verwinkelte Siedlung, ein Labyrinth schmaler, mit verrosteten Cortinas, bunten Minis und zerschundenen Toyota Corollas vollgeparkter Gassen, mit schlichten Häusern ohne erkennbare Nummer, wenngleich einige auch hübsche Namen an den Pforten trugen.

Patrick O'Brian heißen unendlich viele Iren, und wir argwöhnten zunächst, unser Lotse meinte möglicherweise einen ganz anderen … »Nein nein, der mit der schönen Bibliothek, die er auflöst, nicht wahr?« – yes indeed, Sir, exactly zu dem möchten wir!

Als wir endlich am Ziel waren, kletterte der Mann mit seinem ungeduldig zappelnden Riesenvierbeiner aus dem Karton-Verlies, und Antoine sagte zu ihm: »Wenn Sie eine halbe Stunde Geduld haben, lieber Freund, bringen wir Sie wieder zurück!« Doch unser Navigator bestand darauf, die drei Meilen, also fast fünf Kilometer, zu Fuß zurückzulegen. Das sei er schon seinem Hund schuldig, meinte er, der gar nicht gern Auto führe. Was mir ebenfalls so vorgekommen war. »Wenn Sie aber darauf bestehen, sich zu revanchieren, dann legen Sie ein paar Prozent des Kaufpreises drauf ... Patrick ist sehr krank und hat's verdammt nötig, sonst würde er sich nicht von seinen schönen Büchern trennen. Der liebe Gott wird's Ihnen vergelten.«

Und dann erwies es sich, das Mr. O'Brian gar nicht zu Hause war, sondern beim Doktor. Doch seine Gemahlin wusste über den Bücherdeal Bescheid, kochte eine Kanne Tee, ließ uns derweil die Folianten in die mitgebrachten Bananenkartons packen und nahm den ausgemachten Geldbetrag in cash entgegen. Tatsächlich: Antoine legte einen Zehner drauf. »Statt Blumen«, wie er Mrs. O'Brian zu verstehen gab, »daran hätte ich denken sollen.« Mrs. O'Brian schien etwas verlegen, wies die Dreingabe aber nicht zurück und verabschiedete uns mit den gleichen Worten wie der Hundemann: »Der liebe Gott wird's Ihnen vergelten.«

Etwas autoverrückt sind wir doch alle

Ich habe ein Exemplar des bekannten Buches »Alice in Wonderland« einmal in einer englischen Originalausgabe besessen, und ich erinnere mich, dass es mir viel Vergnügen bereitete, darin zu lesen. Aber nicht nur die Geschichte selbst, sondern auch die Art, wie Lewis Carroll sie erzählt, hat mir Spaß gemacht. Da fragt die kleine Alice zum Beispiel die ewig lächelnde Katze: »Könntest du mir bitte sagen, wo ich jetzt hingehen soll?« Katze: »Das hängt davon ab, wo du hin willst.« Alice: »Nun, das ist mir ganz egal. Ich möchte nur gern irgendwohin kommen!« Katze: »Ach, irgendwohin kommst du bestimmt, wenn du nur lange genug gehst.« Oft genug bin auch ich irgendwo angekommen, nachdem ich lange genug – manches Mal auch nur ein kurzes Stück – gegangen war. Du hattest Recht, Katze!

Das Werk des Schriftstellers Lewis Carroll, der eigentlich Charles Lutwidge Dodgson hieß, zählt zur sogenannten Nonsensliteratur. Seine Geschichten spielen in Fantasiewelten und enthalten viele Surrealismen, Verrücktheiten und witzige Wortspiele. Das Urmanuskript von »Alice im Wunderland« hatte Carroll im Februar 1863 abgeschlossen, er war damals

32 Jahre alt. Wie überliefert ist, hatte Alice, Tochter des Dekans der Universität Oxford, Dodgson während einer Bootsfahrt auf der Themse gebeten, ihr etwas Lustiges zu erzählen. Während ihr Vater das Boot ruderte, erfreute Dodgson das Kind mit einer Geschichte von einem Mädchen, das nicht aus Zufall ebenfalls Alice hieß, und beschrieb dessen Abenteuer, nachdem sie in ein Kaninchenloch gerutscht war. Die Geschichte war anderen, die er schon vorher für sie und ihre beiden Schwestern ersonnen hatte, nicht unähnlich. Als er sie beendet hatte, bat Alice Mr. Dodgson, die eigentümliche Geschichte für sie aufzuschreiben.

Ich kann gut nachvollziehen, warum. Andere finden den Auftritt des Kaninchens mit der Taschenuhr albern und ohne tieferen Sinn. »Hier sind doch alle verrückt«, lässt Dodgson die Katze sagen. »Auch ich?«, fragt Alice. »Ich sagte doch: alle!«, erwidert die Katze.

Also nehme auch ich mich nicht aus, denn die Katze schien recht klug zu sein, und etwas (auto)verrückt waren auch all jene, von denen in den nachfolgenden Geschichten die Rede ist …

Scheunenfunde beim Stierzüchter

*Homer Fitterlings
Corvette-Kollektion*

Wenn ich meinem Freund und Schnauferlbruder Geigenberger erzählte, dass ich eine Auslandsreise plante, hatte er sofort Namen und Adressen parat, die mir an diversen Zielorten von Nutzen sein könnten. »Sie fahren nach Chicago? Nach Detroit? Sie dürfen nicht versäumen, bei Homer Fitterling hereinzuschauen, einem Sammler, wie es ihn wohl kein zweites Mal auf der Welt gibt ...« Ich konnte nach meinem Besuch bei Mr. Fitterling im Sommer 1975 bestätigen, dass Geigenberger nicht übertrieben hatte.

Als Transportmittel für jene vierwöchige Rundreise durch die USA diente mir ein greiser Toyota, den mir ein in Farmingdale, Long Island, wohnender Schwippschwager und seine liebe Frau zur Verfügung stellten. Viele Vorteile bot das rote Auto mit dem gelben New Yorker Kennzeichen, zum Beispiel Genügsamkeit im Benzinverbrauch, aber es hatte auch zwei Nachteile. Der Zweitürer verfügte nämlich über keine Klimaanlage (und der Sommer war heiß!) und besaß einen Lenkradüberzug aus einem Plastikmaterial, das in der Hochsommerhitze so klebrig wur-

Homer Fitterling himself

de, dass ich es kaum anfassen konnte, ohne hängenzubleiben. In verschiedenen Sport-, Zubehör- und Herrenausstattergeschäften versuchte ich, ein paar Handschuhe zu erwerben; man lachte mich glattweg aus: »Handschuhe führen wir im Sommer nicht!« Ersatzweise umhüllte ich den Lenkradkranz mit Streifen eines zerschnittenen Handtuchs. »Du hättest in ein Garden Center gehen müssen,« belehrte man mich später, »Gärtnerhandschuhe

Fitterling und sein Besucher aus Germany

bekommt man da auch im Sommer.«

Wie ich als Ortsfremder Plätze wie die Fitterling-Farm auffinden sollte (wozu man heute ein Navigationssystem in Anspruch nähme), war mir zunächst unklar. Auf einer Karte fand ich den Platz nicht. Doch mir fielen die zahlreichen, auf den Fernstraßen herumschleichenden oder vor Tankstellenkneipen parkenden Polizeiwagen auf, und so sprach ich zwei- oder drei Mal einen Police Officer an, um im nördlichen Indiana den Weg zu Mr. Fitterling zu erfragen. Mit Erfolg. Denn der war wirklich kein Unbekannter in seinem County.

Bereitwillig öffnete Mr. Fitterling seinem Besucher die Tore der Scheunen und Hallen. Ich hatte Jahre zuvor die Harrah Collection in Reno, Nevada, mit ihren 1200 antiken Autos besichtigt, doch was ich hier zu sehen bekam, war nicht weniger beeindruckend. Den Anfang machte eine Reihe von 32 Duesenberg-Wagen, Amerikas Prestige- und Luxusmarke der 1920er und 1930er Jahre. In Worten: zweiunddreißig. Ich habe sie gezählt. Später las ich einmal, es seien »nur« 22 gewesen, aber das stimmt nicht. Vielleicht hatte Fitterling zwischendurch zehn Stück verkauft.

Wie kommt eine solche Kollektion zustande? »Das war nicht schwer in den frühen Jahren«, erzählte der bronzehäutige Farmer, der sich auf die Stierzucht spezialisiert hatte. »Ich besaß damals eine Speditionsfirma. Meine Trucks beförderten wie bei der Trampschifffahrt Ladegut von A nach B, von B nach C, von C nach D. Nur am Wochenende kehrten die Fahrzeuge wieder heim. Und ich hatte meinen Fahrern eingeschärft, niemals mit leerer Ladefläche nach Hause zu kommen. Sie sollten am Freitagabend bei Gebrauchtwagenplätzen Ausschau halten, und zwar nach alten Duesenbergs. Die bekam man für weniger als 500 Dollar. Nun ja, mal brachten sie auch einen Stutz oder Lincoln oder Packard mit ...«

Zwei Dutzend Nicht-Duesenberg-Autos, aber ebenso edel oder doch zumindest bombastisch, belegten diese Story in der Halle nebenan. Dort zeigte Fitterling auf ein winziges Cabrio, das auf einer Empore stand: »Den verkaufte mir für 50 Dollar ein aus Deutschland heimgekehrter Soldat. Ich fand ihn einfach niedlich, habe aber keine Ahnung, was die kleine Badewanne sein könnte, das Markenzeichen muss jemand mal vom Kühler abgeschraubt haben ... Wissen Sie es?« Es war ein Dixi 3/15 PS von 1927/1928. Fitterling freute sich über die Auskunft. Und marschierte mit mir in die nächste Scheune, gefüllt mit etwa 50 Corvettes in allen Farben, vom ersten Modell 1953 bis zum aktuellen. Alle so gut wie neu, kaum gefahren. Leicht angestaubt, aber wirklich nur leicht. Und als ob mich das noch nicht genügend beeindruckt hätte, setze Mr. Fitterling seine Führung fort. Jetzt kamen ande-

Hanns Otto Geigenberger

re als automobile Schätze an die Reihe: mehrere hundert Radiogeräte aus der Frühzeit des amerikanischen Rundfunks, eine große Sammlung böhmischer Rotschliff-Gläser, die in Europa jedem Museum zur Ehre gereicht hätten, und schließlich eine endlose Reihe von Vitrinen mit Steinzeitwerkzeugen aus der Alten und der Neuen Welt. Ich gab es auf, Fragen zu stellen und hatte Mühe, all das Gesehene zu verarbeiten. Es heißt, dass die Menschen einst Sammler und Jäger waren – hier hatte ich einen kennengelernt, der es noch immer war.

Nach Fitterlings Tod im Dezember 1991 erwarb ein anderer Sammler und Jäger namens Edward Weaver von den Erben die Autokollektion und bezahlte für sie 13 Millionen Dollar. Eine bescheidene Summe für so viele Chromjuwelen.

Spassmacker Erste Klass

Musikalclown Vic Hyde und ein Reliant

Hyde beherrschte viele Instrumente

I n einem Vorort von Niles, Michigan, und damit nicht weit von der Fitterling-Farm entfernt, residierte in einem kleinen Holzhaus der Musikal-Clown Vic Hyde. Von dessen Existenz hatte ich in der Zeitung gelesen, denn der Multimusikus war in Begleitung des Showmasters Peter Frankenfeld zwei Mal auf Europatournee gewesen und nicht nur durch sein virtuoses Spiel aufgefallen (er blies in und betätigte fünf Trompeten zugleich, die er zu einem kuriosen Kombinationsinstrument zusammengelötet hatte), sondern auch durch sein Erscheinen auf der Bühne: Vic Hyde begann seinen Auftritt damit, dass er mit einem Messerschmitt Kabinenroller hereingefahren kam. Dieses eigenwillige Fahrzeug hatte er sich in Regensburg gekauft, und mit ihm fuhr er auch dem Tournee-Tross hinterher, während alle anderen in einem Bus saßen. Denn der spleenige Amerikaner war nicht nur ein musikalisches Genie, dem kein Instrument fremd war, sondern auch ein begeisterter Sammler von (meist) dreirädrigen Klein- und Kleinstwagen.

Meinen Besuch hatte ich angekündigt. Als ich Vic Hydes Bungalow gefunden hatte, sogar ohne die Hilfe eines ortskundigen Sheriffs, war er jedoch nicht zu Hause. Seine Frau

HALWART:

I am enclosing some valuable items, photos, negatives. Make yourself copies of what you wish, and PLEASE return. Thank You...

You may keep the newspaper story; and the professional stage bild.

Auf Wiedersehn... "Spassmacker Hyde!" "Speetzboob" Erste Klass!

149

Davis Dreirad als Coupé, 1947

Gemahlin brühte erst einmal frischen Kaffee auf und begann mich über den Nationalsozialismus auszufragen. Sie glaubte zu wissen, dass man sich Deutschland noch immer mit »Heil Hitler« statt »good morning« begrüße, woraus ich schloss, dass ihr Herr Gemahl von seiner Deutschlandtournee wohl nicht viel Erhellendes erzählt hatte. Vics Eintreffen ließ sich dann aber bald deutlich vernehmen, denn es kündigte sich durch das Geknatter eines Zweitaktmotors an. Das Geräusch gab ein Tempo-Dreirad ab, ein kleiner deutscher Lieferwagen der frühen Fünfzigerjahre, rot und weiß angemalt und mit einer Plattform, auf der eine kleine Orgel stand. In den USA einem Tempo aus Hamburg-Harburg zu begegnen, das hatte ich weiß Gott nicht erwartet. Ein Eskimo in der Sahara, ein Schuhplattler in einer Mozart-Oper, warum nicht – aber ein Tempo-Dreirad in Niles, Michigan?

Ich wurde von Vic herzlich begrüßt, als seien wir langjährige Freunde (that's America), und bevor er seinen Tempo wegstellte, demonstrierte er mir, wie er das Vehikel auf Jahrmärkten und Volksfesten zu verwenden pflegte. Er warf einen Honda-Stationärmotor an, der in einem Kasten vor der Orgel platziert war und der ein Gebläse betrieb, mit welchem Vic die Orgel mit der nötigen Luft zur Tonerzeugung versorgte. Er setzte sich an

Ein Tempo-Dreirad samt Orgel mitten in den USA

das Instrument und spielte den Yankee Doodle. Dabei war die Musik nicht sehr viel lauter als der Hondamotor; eine eigenartige Kakophonie, zu der ich indessen artig applaudierte.

Die Autosammlung des Multikünstlers umfasste etwa 25 kleine Dreirad- und ein paar Vierradwagen der unterschiedlichsten Herkunft. Es waren etliche deutsche darunter. Das größte Fahrzeug aber ließ sich beim besten Willen nicht als Kleinwagen bezeichnen: Es war ein Davis Threewheeler, ein Unikum, mit dem wir anschließend eine Fahrt zum nächsten Drive-Through-Restaurant unternahmen, um dort Apfeltaschen und Milkshakes einzukaufen. Das Fahrzeug war relativ breit und bot auf der Sitzbank drei Personen Platz. Unter der langen Motorhaube arbeitete ein

Vic Hydes Davis Threewheeler

Hätte der Dreiradproduzent Gary Davis keine krummen Dinger gedreht, wären wohl mehr als nur 17 Autos unter seinem Namen gebaut worden ...

Nash-Sechszylinder und trieb die Hinterachse an, wobei das vordere Einzelrad um 90 Grad zu beiden Seiten schwenkbar war; es gab keinen Anschlag, und damit ließ sich der Wagen fast auf der Stelle drehen – rasant sogar. Vic führte es mir vor, bis ich fast schwindelig wurde.

Aufsehen erregten wir mit dem eigenartigen Gefährt deshalb nicht, weil es in der ganzen Gegend bekannt war. Vic benutzte es, wenn er nicht auf Tournee war, für alle Besorgungen und andere Ausfahrten. Wieder zu Hause, erzählte er die Geschichte dieser bei uns fast unbekannten Automarke und belegte sie durch Zeitungsausschnitte und Fotos. Er kannte sich aus.

Demnach hatte von 1947 bis 1949 eine Davis Motor Car Co. in Van Nuys, Kalifornien, einen von Glenn Gordon Gary Davis konstruierten Dreiradwagen hergestellt. Doch nicht mehr als 17 Exemplare wurden gebaut. Der aerodynamisch geformte Aufbau mit Klappscheinwerfern, entworfen von dem Flugzeugbauer Pete Lansberg, bestand aus Aluminium. Das einzelne Vorderrad war wie das Bugrad eines Flugzeugs beschaffen. Als Motor verwendete man sowohl einen wassergekühlten Vierzylinder mit 2,2 Liter Hubraum und 60 PS von Hercules als auch einen Vierzylinder von Continental. Ein Exemplar wies einen 98 PS starken Sechszylinder vom Nash Statesman auf: Dieses Fahrzeug war das des Sammlers Vic Hyde, in welchem er mich spazieren gefahren hatte.

Selbst als Militärfahrzeug sollte der Davis zum Einsatz kommen. Für dieses Vorhaben stellte man ein Exemplar dem U.S. Ordonance Department in Maryland vor. Hierbei handelte es sich um einen Jeep-ähnlichen Wagen mit unverkleidetem Vorderrad und Kübelwagenaufbau. Das Projekt wurde nicht realisiert, nachdem sich ein Dreispurfahrzeug im Gelände als wenig vorteilhaft herausgestellt hatte. Davis hätte eine größere Produktion aufziehen können, zumal Bestellungen für sein Dreirad vorlagen, doch er wanderte wegen Veruntreuung von 1,2 Millionen Dollar – es handelte sich um Anzahlungen auf nicht gelieferte Fahrzeuge – für 18 Monate hinter Schloss und Riegel. Ein Gönner namens Samuel E. Karden, Papierfabrikant aus New York, erwirkte gegen eine hohe Kaution 1950 Davis' Freilassung, doch als Karden kurze Zeit später verstarb, gab es keine Chance für eine Serienproduktion des Dreiradfahrzeugs mehr.

Ich blieb bei Mr. und Mrs. Hyde über Nacht und versprach als Gegenleistung, Vic aus Deutschland das Modell eines Tempo-Dreirades zu schicken. Es gab so etwas bei Günther Lang in Aachen, und ein Tüftler in München bastelte sogar – mit einem Foto als Vorlage – eine winzige Orgelnachbildung auf die Ladefläche. Vic Hyde freute sich riesig. Als Dankeschön schickte er mir einige Davis-Dokumente vom »Spassmacker und Speetzboob Erste Klass«, als den er sich bezeichnete.

WE MUSTN'T BRAKE THE LAW:

Crowborough 4-2-2-3

Paul Foulkes-Halbard und seine Oldtimer-Sammlung 1967

Paul posiert 2001 vor einigen seiner Lieblings-Veteranen

hn habe ich voranstehend schon einige Male erwähnt, denn unsere Wege kreuzten sich viele Male. Er hatte einen Londoner Cockney-Akzent drauf wie ein waschechter Berliner berlinerisch spricht. Nein: quasselt. Deshalb nannten wir ihn zuweilen nicht Paul, sondern Paule und versuchten das so gut wie möglich à la Kreuzberg zu prononcieren, mit zurückgeschobenem Unterkiefer (Überbiss nennt das der Zahnarzt).

Paul Foulkes-Halbard lebte aber gar nicht im Londoner Eastend, sondern in einer viel feineren Gegend: im malerischen Städtchen Crowborough, Grafschaft Sussex. Und er quasselte nicht, sondern parlierte eher verhalten, bedächtig, nie unüberlegt. Sein Cottage lag in der Smugglers' Lane. In der Gasse der Schmuggler zu wohnen, das passte recht gut zu Paule, dem ich posthum unterstelle, dass er im ersten Teil seines irdischen Daseins keinen Penny Steuern gezahlt hat, und im zweiten Teil nur in geringem Umfang. Denn er hatte anfangs ja auch keinerlei nennenswerte Einkünfte, wie jedermann in der Nachbarschaft wusste. Denn an den alten Autos, die er gelegentlich kaufte und weiterverkaufte, war doch wirklich kein Geld zu verdienen. Im Gegenteil. Keiner seiner Kunden musste je das Gefühl haben,

Im Gästezimmer parkte stets eine alte Harley oder Indian

über den Tisch gezogen zu werden. Was Paule anbot, war stets supergünstig. Seine Oldies hatten aber auch eine Menge Macken, die er niemandem verschwieg.

Man könnte den Eindruck gewinnen, ich hätte aus Crowborough nach und nach einen umfangreichen Fuhrpark bezogen. Das stimmt sogar. Durch seine geschickte Art des Einkaufens kam Paule günstig auch in den Besitz etwas wertvollerer Boliden. Die er in jahrelanger Eigenleistung tiptop restaurierte und zeitlebens nicht verkaufte. Dazu zählten ein Highwheeler namens Orient Express von 1898, ein Peugeot von 1904, ein Bugatti Typ 35 von 1924, ein sehr früher 3-Litre Bentley, ein Alfa Romeo 6C 1750 von 1931 und diverse antike Motorräder. Regelmäßig besuchte Paule die großen Auto-Flohmärkte und trennte sich dort von allem, dessen er überdrüssig war, und sein Stand war jedes Mal eine Augenweide. Sehr bedacht war Paule immer auf die Einhaltung von Vorschriften, durch die er andernfalls behördenauffällig geworden wäre. Was zu vermeiden ihm ein hohes Anliegen war. »We mustn't brake the law!«, sagte er häufig, wenn es um die Gefahr ging, den Kofferraum eines Autos zu überladen oder wenn man zu schnell die Tunbridge Wells Road unter die Räder nahm: »Wenn sie dich einmal erwischt haben, kriegen sie dich sofort ein zweites Mal dran. Das kann ich mir nicht leisten …«

Auf jedem Oldtimer-Flohmarkt war Paul die Sensation vor Ort

Der gelernte Schildermaler und einstige Radrennfahrer Paul Foulkes-Halbard, in dessen Cottagehaus ich gelegentlich die Nacht zubrachte (und die Schlafkammer mit einer nach Castrol R stinkenden Harley-Davidson teilte), wenn Tags zuvor an Gretas Küchentisch wieder einmal ein Deal

René und ihr kamerascheuer Chef in einem Dalm Cyclecar von 1912, erwischt in einer von Pauls Oldie-Remisen

abgeschlossen worden war, überraschte seine Mitwelt eines Tages mit der Nachricht, er werde in der Nähe von Eastbourne ein Museum aufmachen. Auf dem Gelände einer alten Farm, deren Häuser aus dem 16. Jahrhundert stammten, Teile des Haupthauses sogar aus dem 14. Jahrhundert. Sein business hatte nämlich Dimensionen erreicht, die sich am Fiskus nicht mehr vorbeimanövrieren ließen und mit welchem Paule nun offiziell firmierte. »Kaufe komplette Sammlungen und Nachlässe« inserierte er in den Fachblättern. Kein Wunder, wenn das Schmuggler-Cottage für eine solche Geschäftsausweitung zu klein geworden war. Das Telefon mit der Nummer 4223 stand zuletzt kaum mehr still, und ich habe es noch im Ohr, wenn er sich mit »Craubuhrau foh-tu-tu-ßrie« meldete – niemals mit seinem Namen.

Doch wenn man viel (womit auch immer verdientes) Geld in ein öffentliches, kulturelles Projekt mit historisch wertvoller Substanz investierte, gab es in Britannien nicht nur Fördermittel im Rahmen der Denkmalpflege, sondern Steuervorteile mit Langzeiteffekt. Paule hatte seine Pläne wohl überlegt. Seinem Museum angegliedert wurden eine Restaurierungswerkstatt, eine Kartbahn, ein Ponyreitplatz, eine Cafeteria. Sohnemann Karl – selbstverständlich nach Karl Benz so getauft – wurde zum Juniormanager des

Paul und Greta Foulkes-Halbard bewohnten in Sussex ein Cottage im Laura-Ashley-Stil mit zehn oder zwölf Garagen ringsum

Vergnügungsparks Filching Manor (mit Hubschrauber-Landeplattform und Omnibus-Parklatz) ernannt.

Im Oktober 2003 verstarb Freund Paule in seinem historischen Gemäuer hinter farbigen Butzenscheiben und angesichts seiner Kollektion mittelalterlicher Hellebarden, die er ebenso sehr liebte wie seine mobilen Klassiker. Alte Langwaffen waren schon immer Paules Leidenschaft, ließ doch der zweite Teil seines Familiennamens darauf schließen, dass ein Vorfahr Hellebardenträger gewesen war ...

Bunty

David Scott-Moncrieff, stets zu einer Verrücktheit aufgelegt ...

Fahren, aber auch fahren lassen lautete Buntys Devise

Nur ein einziges Mal habe ich ihn Mr. Scott-Moncrieff nennen dürfen, nämlich als ich mich vorstellte und sagte: »Good evening, Mr. Scott-Moncrieff, my name is ...« – und schon unterbrach mich der Angesprochene und sagte, dass er nur mit »Bunty« angesprochen zu werden wünsche, ein für allemal. Ich hatte in der Zeitung gelesen, dieser Mann sei der größte Rolls-Royce-Händler der Welt, jedenfalls in Bezug auf Gebrauchtwagen, und in dieser Eigenschaft interessierte mich dieser Gentleman in Basford Hall natürlich sehr. Nicht, dass ich vorgehabt hätte, einen alten Royce zu kaufen ... Es war allein Buntys Metier, das mich neugierig gemacht hatte – diesen Mann wollte ich kennenlernen, und vor allem seinen Fuhrpark, der aus mehr als 50 mehr oder weniger antiken Nobelautos bestand. Die vielen Wracks zum Ausschlachten in seinem Garten nicht einmal mitgezählt.

Das war 1961. Mindestens ein Dutzend Mal besuchte ich Bunty in der Folgezeit, und ebenso oft begegneten wir uns auf Veranstaltungen der unterschiedlichsten Art. Der schnauzbärtige Exzentriker tauchte stets mit Gefolge auf; meist begleiteten ihn seine Frau Averil, eine in England einst bekannte Rennfahrerin auf Lotus, häufiger jedoch seine Sekretärin Hazel Robinson mit Sohn Peter sowie die Mechaniker Eddie oder Geoffrey. Nach und nach teilten sich mir Buntys Wesenszüge in allen ihren Facetten mit, weil er immer neue Geschichten aus seinem Leben zu erzählen wusste und

In solchen Boliden ließ sich Bunty am liebsten ablichten

das in einer Art und Weise, die schon deshalb faszinierte, weil die Storys am Ende oft keine Pointen hatten – jede einzelne war an sich eine einzige Pointe. Sofern es eines späten Tages noch Lücken in Buntys Lebensgeschichte zu füllen gab, übernahmen den Job des Kolportierens Averil und Hazel, die mich ermutigten, über ihr Idol ein Buch zu schreiben.

Bunty hatte mindestens ebenso viele Bewunderer wie aus ihnen gelegentlich Feinde wurden. Zum Beispiel dort, wohin er Fahrzeuge lieferte, denen wichtige Teile fehlten – die der Käufer dann separat angeboten bekam, oder wenn er arglose Sympathisanten zum Kauf eines Autos überredet hatte, die gar niemals eines solchen und schon gar nicht eines Rolls-Royce bedurft hätten, etwa auf einer straßenlosen Südseeinsel. Dabei war Bunty eigentlich gar kein Rolls-Royce-Enthusiast; seine wahre Leidenschaft galt Fahrzeugen der Marken Bugatti und Mercedes-Benz. Er besaß einen SSK-Rennsportwagen von 1929.

Einige Male waren Bunty & Co. bei mir zu Gast in München. Sparsam oder vielmehr geizig, wie er war, betrachtete er sich stets als eingeladen. Aber gastfrei war ja auch er, in Grenzen freilich. Seine Söhne Humphrey und Ambrose hielten den alten Herrn allerdings für einen Verschwender. Dabei

Chitty Chitty Bang Bang II

gönnte er sich – bis auf kostspielige Oldtimer – selbst fast nichts, trug die schäbigsten Klamotten (vor allem schillernde Krawatten) aus seiner Studentenzeit und gab sich mit dem preiswertesten Bordeaux zufrieden. Als er am 30. Juni 1987 verstarb, einen Tag vor seinem 80. Geburtstag, verlor die Szene eine ihrer skurrilsten Figuren.

VERKEHRSCHAOS AN DER REGENT STREET

Aus der Fülle der abenteuerlichen Begebnisse in Buntys inhaltsreichem Leben versuche ich hier zwei zu erzählen, die mir besonders gut gefallen. Sie trugen sich in den Jahren 1932 und 1933 zu.

Die erste Geschichte stammt von Buntys ehemaligem Studienkollegen Bill Tayleur. Er konnte sich gut an einen Besuch erinnern, den Bunty ihm in seinem Londoner Domizil absolvierte, das er sich mit seinem Vater teilte. »Buntys Kommen kündigte sich durch einen ungeheuren Lärm an, der sich anhörte, als sei unten auf der Straße ein schweres Artilleriegeschütz abgeschossen oder ein Haus in die Luft gejagt worden, vielleicht durch eine

Humphrey Scott-Moncrieff (links) im Gespräch mit Chefmechaniker Geoffrey Beardsmore, während Jungmann Eddie Berrisford – der spätere Vizechef – noch niedere Tätigkeiten zu verrichten hat

defekte Gasheizung ... Ich stürzte ans Fenster, dessen Scheiben wie durch ein Wunder heil geblieben waren, blickte auf die Straße und sah Bunty am Lenkrad eines monströsen Automobils, so groß wie eine Dampflokomotive, aber mit nur zwei Sitzen. Als er bemerkte, dass ich aus dem Fenster schaute, schrie er mir zu, ich möge mich beeilen herunter zu kommen, er habe eine Spritztour in die City vor und ich sei eingeladen auf ein Bier!«

Bunty hatte das eigenartige Auto, bekannt als Chitty-Chitty-Bang-Bang II, von den Erben des 1927 tödlich verunglückten Rennfahrers Count Louis Vorov Zborowski erworben. Mit seinem 18,8-Liter-Flugmotor der deutschen Marke Benz war der Bolide 1921 (als zweiter seiner Art, daher das Suffix II) als Brooklands-Rekordfahrzeug entstanden, und der Name leitete sich schlichtweg vom Leerlaufgeräusch des niedrigtourigen Motors ab.

»Den Motor hatte Bunty, während er auf mich wartete, nicht ausgeschaltet; der riesige Sechszylinder grummelte wie ein Schiffsdiesel vor sich hin und ließ alle Fensterscheiben unseres Hauses in einem eigenartigen Rhythmus vibrieren, bis Bunty wieder Gas gab und damit das akustische Artilleriefeuer auf den Rest der Welt eröffnete. Count Zborowski sei mit dem Auto schon bis Afrika gefahren, schrie mir Bunty zu, also würden wir es doch mal eben zum Piccadilly schaffen! Ein mehr als sechs Meter langes Gefährt irgendwo parken zu können, war schon damals so gut wie unmöglich; die Londoner City war in den frühen Dreißigerjahren nicht weniger belebt als heute. In vollen Zügen genoss Bunty das Aufsehen, das wir unterwegs erregten, und als er in die Regent Street einbog, tat er das natürlich viel zu schnell, sodass die hinteren Reifen durchdrehten – und die linke der beiden Antriebsketten vom Ritzel sprang. Es tat einen metallischen Schlag, als die lose Kette gegen die Karosserie peitschte, gleichzeitig beschrieb das Riesenauto eine Viertelwende, Bunty würgte den Motor ab – und wir standen. Plötzlich schien alles märchenhaft still um uns, obwohl der Verkehr erst einmal weiterfloss, zumindest in einem dünnen Rinnsal, denn das Verkehrshindernis, das unsere diagonal zum Stillstand gekommene Chitty in der Regent Street bildete, ließ viele andere Autofahrer schon aus Neugierde anhalten. Radfahrer stiegen ab, Passanten eilten herbei. Der erste von mehreren Doppeldeckerbussen blieb stecken.

Die Kette wieder aufzuziehen, war ohne Spezialwerkzeug nicht möglich. Die Dämmerung würde bald eintreten, Chitty verfügte weder über Scheinwerfer noch über Rücklichter – damals waren diesbezügliche Vorschriften bei uns noch einigermaßen tolerant.

Ich fand ein paar Pennies in meiner Jackentasche, sprang zu einer Telefonzelle und rief unseren Freund Timothy Hornsutter an, von dem ich wusste, dass er einen Fotoapparat sowie gute Kontakte zum ›Daily Telegraph‹ besaß. Tony, komm sofort hier her, sagte ich zu ihm, was du hier siehst, muss unbedingt in die Zeitung! Vielleicht stecken wir in einer Stunde schon im Knast!

Die Verkehrsblockade war innerhalb weniger Minuten perfekt. Ich glaube, in ganz London bewegte sich nichts mehr. Denn wenn an der Regent Street Ecke Piccadilly alles dicht ist, kann auch von der Shaftsbury Avenue nichts mehr hereinkommen, und über Haymarket erstreckt sich so ein Stau dann bis zur Pall Mall.

Der Chauffeur eines Daimler erbot sich, Chitty abzuschleppen, und während wir darüber diskutierten, wie er aus dem Chaos hier herauskommen könnte, tauchte mit dem Fahrrad unser Freund Timothy Hornsutter auf. Die Prozedur, wie der Daimler Chitty mit schleifender Kette zur nächst gelegenen Werkstatt bugsierte, hielt er in mehreren Blitzlichtaufnahmen fest, und ein großer Konvoi Neugieriger folgte uns. Es war wie auf einem Volksfest. Niemand außer den Busfahrern schimpfte, und wenn jemand ungeduldig die Hupe ertönen ließ, dann kam dies von weit her, wo man ja nicht wusste, was sich Köstliches hier zutrug. Die Garage, die wir aufsuchten, befand sich in der Brewer Street, das war zum Glück nicht weit. Mit dem freundlichen Daimler-Chauffeur suchten wir anschließend das nächste Pub auf, Timothy gab eine Runde Bier aus, und Bunty prahlte mit seinen Erfahrungen, die er mit kettengetriebenen Rennwagen hatte. Uns völlig unbekannte Gäste spendierten Runde um Runde, was Bunty befeuerte, immer tollere Geschichten zum Besten zu geben. Ja, Polizei war auch gekommen, aber die Bobbys hatten genug damit zu tun, das Verkehrschaos zu entflechten, dessen Verursacher sie vergebens suchten ... ›Ja, hat denn niemand die Nummer des Wagens notiert?‹, fragten sie.

Oh, was habe ich mich gefreut, Buntys Einladung zu dieser Spritztour gefolgt zu sein! Nein, in der Zeitung erschien leider kein Foto. Vielleicht war es auch gut so. Man hätte anhand des Bildes ja herausbekommen, wem der Wagen gehörte.«

Chitty-Chitty-Bang-Bang II landete später bei einem Sammler in den USA. Anlässlich einer Amerikareise hatte Bunty Gelegenheit, das monumentale Fahrzeug mit Kettenantrieb dort noch einmal wiederzusehen.

KÜSS DIE HAND, HERR HITLER!

Auf jeder seiner vielen Reisen kreuz und quer durch Europa pflegte Bunty eine Anzahl von Autogeschäften abzuwickeln, so auch auf jener, die ihn in den letzten Tagen des Januars 1933 am Steuer eines Alfa Romeo Typ RL der Mittzwanzigerjahre nach Venedig führte. Dort gab es einen Interessenten für den Alfa, der einen besseren Preis zu zahlen bereit war als den, der in England zu erzielen war. Der venezianische Alfa-Liebhaber war für den RL sogar so viel anzulegen bereit, dass Bunty sich in der Lage sah, an Ort und Stelle einen noch sehr viel wertvolleren Boliden zu erstehen: das war ein Mercedes-Benz SSK.

Bunty: »Ich habe den großen, bildschönen Kompressorwagen einem Waffenhändler abkaufen können, der für Mussolini gearbeitet und dann insgeheim die Fronten gewechselt hatte. Man war dem Doppelspieler auf die Spur gekommen, die Faschisten hatten seine Liquidation angedroht. Über Nacht wollte er nach Triest verschwinden und von dort aus nach Russland. Dazu brauchte er Geld, und zwar mehr, als er besaß. Ich begegnete ihm am Vorabend seiner Flucht, als er in einer Bar Schmuckstücke zu verkaufen versuchte, und als er bemerkte, dass ich Engländer war, vertraute er sich mir an

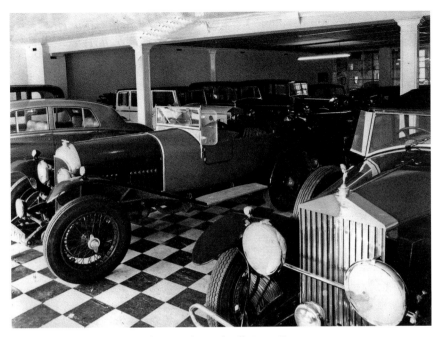

Buntys Showroom in Leek, voller feiner Bentley- und Rolls-Royce-Veteranen

und bat mich um Rat, wie er seinen für eine Flucht viel zu auffälligen Mercedes Sportwagen zu Geld machen könnte – und zwar gleich! Ich bot ihm für das Fahrzeug unbesehen 400 Pfund in bar, und er akzeptierte. Es bestand aber die Gefahr, dass ich bei der Benutzung seines Wagens in eine prekäre Lage geraten könnte, hätte ich seine italienischen Kennzeichen benutzt. Die Faschisten waren bekanntlich hinter allen sechsbeinigen Katzen her, pflegten aber erst einmal alle Katzen zu erschießen, bevor sie deren Beine zählten, wenn du begreifst, was ich meine. Zum Glück hatte ich von meinem Tags zuvor so günstig verkauften Alfa Romeo die englischen Schilder einbehalten, und so schraubte ich diese an den Mercedes, der jetzt als in England unter GN 66 registriertes Touristenauto daher kam. Schwierigkeiten sollte es später nur beim Überschreiten der Grenze nach Österreich geben, da mein Carnet ja auf einen Alfa Romeo ausgestellt war. Ich beschloss daher nach dem Bewältigen dieses Problems, das stundenlange Diskussionen mit sich gebracht hatte und das sich bis zur Wiedereinreise nach England vermutlich an mehreren Grenzen wiederholen würde, das Carnet einfach zu verlieren und bei einem Büro des Automobilclubs in Wien um die Ausstellung eines neuen zu bitten, was mit so viel Charme und Liebenswürdigkeit

Bunty am Lenkrad eines Kompressor-Bentley von 1930, ex Tim Birkin. Ein Auto, das ausnahmsweise nicht durch seine Hände ging, sondern nur geliehen war

geschah, dass ich die Dame, die mir diesen Gefallen erwies, zu einer abendlichen Rundfahrt in meinem Wagen überreden konnte, was sie wiederum auf den Einfall brachte, mich anschließend in ein süßes kleines Weinrestaurant gleich neben dem Stephansdom einzuladen. Und so weiter, und so weiter; es würde dich langweilen, erzählte ich dir alle Einzelheiten, die sich in jener Woche abspielten, die ich mit Susi in Wien zu verbringen das Vergnügen hatte, wobei ich mich bemühte, viel von der Sprache zu erlernen, der sich die Wiener untereinander bedienen, wenn sie sich Artiges oder auch Unartiges mitzuteilen haben. Glaub mir, diese Sprachkenntnisse haben mir später viel genützt! Eigentlich schon bald nach dem Verlassen Wiens, nämlich bei meiner Ankunft in München.

In München plante ich einen Tag des Bieres wegen Station zu machen, das so berühmt sein sollte. Aber als ich meinen Wagen in die Innenstadt lenken wollte, wurde ich erst einmal von Braunhemden angehalten, die Fähnchen verteilten, rote mit dem Hakenkreuz drauf, du weißt schon. Hakenkreuzfahnen wehten überall, und in jeder Dimension. Von jeder Straßenlaterne, von jedem Balkon. Meinen Mercedes bepflanzten die Braunen mit einem Dutzend Wimpel an kleinen Stöckchen, es sah sehr lustig und nach einem

Kinderfest aus. Ich wusste allerdings nicht so recht, wie ich mich verhalten sollte; ich ahnte aber, dass ich mich aus politischen Dingen in Deutschland ab jetzt besser heraushalten müsste. Es war der 31. Januar 1933, ein Tag nach der Machtergreifung durch Herrn Hitler, von der ich in Wien ja gehört und gelesen hatte.

Es gab kein Entweichen, und auf meiner Fahrt in die Münchner Innenstadt gewahrte ich beiderseits der Straße Menschenmengen, die nach dem Heiland riefen, wie es sich anhörte, und dabei Fähnchen wie die an meinem Mercedes schwenkten und mich grüßten – sie lachten und winkten und streckten einen Arm in die Höhe. Ich schrie immer wieder zurück, was ich von Susi gelernt hatte und Ausdruck einer höflichen Art der Zuneigung war, soweit ich wusste: ›Küss die Hand! Küss die Hand!‹ Und ich hörte sie immer nur ›Heiland! Heiland!‹ schreien oder so ähnlich, wobei mir klar war, dass sie mich bestimmt mit einem Höhergestellten dieses Namens verwechselten.

Ich musste im ersten Gang fahren, denn vor mir bewegte sich im Schritttempo eine weitere Anzahl offener Automobile, in denen uniformierte Menschen saßen und nach beiden Seiten salutierten, vielleicht war der berühmte Herr Heiland unter ihnen. Es herrschte ein Höllenlärm, in den sich auch noch Marschmusik mischte. Zu meinem Schrecken bemerkte ich, dass der Kühler meines Mercedes infolge des Schritttempos zu kochen begann und ich besser daran tat, den Wagen neben dem Trottoir abzustellen. Das gelang mir auch, mithilfe eines smarten Obersturmbannführers, der ein paar mal ›Platz machen für einen guten Freund des Führers, ihr Deppen!‹ rief, und es bereitete mir einige Mühe, auszusteigen, zumal ich einen dicken Mantel trug, und so viele Menschen mir behilflich sein wollten. Ich flüchtete mich in ein Zigarrengeschäft und brachte dort eine Stunde beim Probieren guter Havannas zu, bis der Spuk vorüber war und ich unbehelligt weiterfahren konnte. Die Worte ›guten Freund‹ kannte ich übrigens bereits durch die Begegnung mit Susi, während mein Deutschvokabular um ›Platz machen‹ und ›Deppen‹ und ›Führer‹ eine wertvolle Erweiterung erfahren hatte ...«

DAS WAR DIE TOP-ADRESSE IN DER SCHWEIZ:

Arturo Tognazzo

Arturo Tognazzo und sein Delage von 1912

Er hätte ein Winzer aus der Toskana sein können, dem Typus nach. Dem Namen nach ebenfalls. Aber Arturo Tognazzos private Toskana lag nicht an den Gestaden des Mittelmeers und des Arno, sondern am Ufer der Limmat. Wer in Erdkunde gut aufgepasst hat, der weiß, dass nicht nur der Arno, sondern auch die Limmat ein Fluss ist, und zwar einer, der im Schweizer Kanton Glarus entspringt, den Zürichsee durchquert und in die Aare mündet. Setzen, Eins!

Und unweit von jenem See gibt es die bis 1934 selbstständige und heute zu Zürich gehörende Limmat-Ortschaft Höngg, die durch eine 1817 in Betrieb genommene Spinnerei bekannt wurde. Diese bestand knapp 100 Jahre und wurde durch die Wasserkraft einer großen Mühle betrieben. Dann etablierte sich in Höngg eine Baumwollweberei, mit mehr als 1000 Frauen an den Webstühlen der größte Arbeitgeber im Dorf (arbeiten durften die fleißigen Schweizerfrauen schon immer, nur wählen halt nicht).

Mit aufkommendem Wohlstand nicht nur in Höngg, sondern vor allem in der Metropole Zürich, erschienen auf den Straßen immer mehr Automobile, und mit deren Zunahme wuchs natürlich auch der Bedarf an Ersatzteilen. Einer, der dies frühzeitig erkannt hatte, war der 1911 aus Padua in die Schweiz eingewanderte Italiener Vittorio Tognazzo. Er kaufte jedes betagte Motorrad, jedes Unfallauto der näheren und weiteren Umgebung auf, bald auch jedes wegen Altersgebrechens ausrangierte Motorfahrzeug, um es zu zerlegen und die noch brauchbaren Teile wieder einer Verwendung zuzuführen. Da er für eine wohlsortierte, übersichtliche Lagerung viele Regalmeter benötigte, mietete er zunächst ein leerstehendes Fabrikgebäude und erwarb 1928 die zum Verkauf stehenden Gebäude der stillgelegten Spinnerei in Höngg auf der Limmat-Werderinsel samt der Mühle, die aus dem Jahre 1365 stammte.

Der erste professionelle Recycler der schweizerischen Automobilgeschichte war eigentlich Schuhmacher. Aber nicht als Schuster wurde er weit über Kantons- und Landesgrenzen hinaus bekannt, sondern weil Besitzer selbst ausgefallenster Fahrzeugmodelle bei ihm die Chance hatten, Ersatzteile zu finden, die das Herstellerwerk längst nicht mehr im Programm führte. Mein erster Besuch bei Tognazzo & Co. im Jahre 1964 galt der Suche nach einem Getriebe für meinen damals 32 Jahre alten Audi. Nein, ich wurde ausnahmsweise nicht fündig, aber ich entdeckte eine Unmenge anderer Dinge, die mir gefielen und die ich erwarb. Zum Spottpreis, nebenbei gesagt.

Das Geschäft betrieben mittlerweile Vittorios Sohn Arturo (der sich auch Arthur schrieb), Jahrgang 1906 und eines von zehn Kindern, sowie dessen Schwiegersohn. Sie gewährten mir freien Zutritt zu allen Räumen, zu allen Schuppen und Remisen. Mit einem Bananenkarton unter dem Arm ging ich auf Sammeltour. Leider brauchte ich keinen Satz Türgriffe für einen 1924er Packard oder die Nockenwelle für einen Jaguar 1,5 Liter von 1948, die auch für einen Standard 14 HP 1,8 Liter getaugt hätte. Jedes Item auf den endlosen Regalen trug ein kleines, mit dünner Schnur befestigtes Schild, auf dem die exakte Herkunftsbezeichnung zu lesen war. Phänomenal.

Es folgten einige weitere Besuche bei Arturo Tognazzo, der übrigens Besitzer eines toprestaurierten Turicum Baujahr 1904 war und damit an vielen Veteranenrallyes teilnahm. Ich schleppte alles Mögliche und Unmögliche ab – einfach, weil mich die Sammelleidenschaft erwischt hatte und die Verlockungen so groß waren. Ein gutes Dutzend alter Kühlergitter, Tachometer und Drehzahlmesser aus den Zwanzigerjahren, Scheinwerfer- und Rücklichterpaare in Art-déco-Ausführung und so weiter.

Dieses Paradies für alle Oldtimer-Restauratoren bestand bis zum Jahresende 1971. Bereits 1958 hatten die Tognazzos das Areal der Stadt Zürich verkauft, die ihnen eingeräumt hatte, den Betrieb dort 20 Jahre lang weiterzuführen. Doch inzwischen aktuell gewordene Umweltschutzauflagen zwangen zur vorzeitigen Schließung. Wofür selbst die Inhaber Verständnis aufbrachten: Hunderte von Motoren und noch nicht zerlegten Autowracks türmten sich auf dem Wiesengelände auf der Limmat-Insel und damit in unmittelbarer Nähe zu einem Freibad und einem Nudistencamp; beide Einrichtungen hatten schon seit langem für eine Eliminierung des Schrottplatzes plädiert. Als einen solchen betrachteten die Tognazzos ihr Etablissement natürlich keineswegs, und auch Bart Loyens nicht. Auto-Abbruch klingt besser. Der Luxemburger Loyens sprang ein, als die Räumung des Areals nicht mehr aufzuschieben war: Er ließ mehrere Lastwagen anrollen, alles halbwegs Bewegliche oder Bewegbare in Kisten verpacken und abtransportieren. Eigentlich lag Loyens nur am Herzen, was nach Hispano-Suiza, Bugatti oder Mercedes-Benz aussah, doch es war vereinbart, dass er ohne Ausnahme alles mitnahm. Auch die restlichen Oldtimer-Fragmente.

Welch ein Paradies für Schatzsucher!

Arturo Tognazzo hat der Alt-Auto-Szene nicht nur in der Schweiz so manchen unschätzbaren Dienst erwiesen. Und immer, wenn ich mal wieder nach einem Rundgang durch das Paradies aller Paradiese mit einem Bananenkarton voller Instrumente, Zahnräder, Rücklichter oder Radzierdeckel in den kleinen Büroraum zurückkehrte und darauf gefasst war, für die Schätze 500 Schweizer Franken auf den Tisch zu legen, zwinkerte mich Arturo an und sagte: ›Schon gut, gib 20!‹ Und statt einer Quittung erhielt ich von seiner Tochter einen Espresso.

Bei meinem letzten Besuch auf der Limmat-Insel an einem heißen Sommertag im Jahre 1972 parkte ich während einer Besichtigung des inzwischen – leider – geräumten Abbruchgeländes Frau, Au-Pair-Girl und Kind nebenan im Freibad. Unsere Tochter war knapp ein halbes Jahr jung, und sie genoss Sonne und Wasser im feigenblattlosen Evakostüm. Was einen zürnenden Bademeister auf den Plan rief: Auch allerkleinste Kinder, so schreibe es die Anstaltsordnung vor, hätten der Schicklichkeit wegen ein Badegewand zu tragen! Ein solches besaßen wir für den Säugling natürlich nicht. Der Mann blieb solange stehen, bis Klein-Anna ihre Kinderwagen-Garderobe wieder angelegt bekam. Meine drei Damen hätten halt das benachbarte Nudistencamp aufsuchen müssen, doch für zwei von ihnen wäre diese Alternative wohl nicht in Frage gekommen.

Louis Chiron

So begegnete ich Louis Chiron und seinem Vogel

Chiron als Partner Caracciolas, 1933

D ie eindrucksvollste Begegnung auf meiner Frankreichreise im Frühjahr 1974 war die mit Louis Chiron in Monte-Carlo. Vermittelt hatte sie mir André Binda, ein Immobilienmakler und Besitzer wertvoller Automobilunikate in Nizza. Er hatte Chiron zu einer traumhaft schön gelegenen Wohnung in einem Altbau in Hafennähe verholfen – und außerdem: alteingesessene Riviera-Prominenz kennt sich halt. Zu ihr zählten beide. »Ich hätte nicht länger in einer Suite des Fürstlichen Palais wohnen können, wegen der heranwachsenden Prinzessinnen Stefanie und Caroline«, sagte Chiron, mehr oder weniger überzeugend.

Um den ex-Rennfahrer Chiron zu treffen, Duzfreund seines Landesvaters Fürst Rainier III., hätte es eigentlich keiner Beziehungen oder gar konspirativer Schleichwege bedurft. Jeder in Monaco wusste damals, wo man den berühmten Monegassen am wahrscheinlichsten antraf: Bei einem Drink in der Bar des Hotel de Paris; dort, wo sich auch das Casino befindet. Chiron war in jenem Haus lange Jahre so etwas wie ein Empfangschef honoris causa, und er hatte auch zwei ebenso lukrative Nebenjobs: als Leitender Start- und Ziel-Funktionär der alljährlichen Rallye Monte-Carlo und auch des Grand Prix sowie als Manager der Fürstlichen Automobilsammlung. Grace-Kelly-Gatte

Rainier III. besaß nämlich eine ansehnliche Kollektion feiner Oldtimer, untergebracht in einer Tiefgarage unweit der Residenz Seiner Durchlaucht. Dorthin führte mich Monsieur Chiron auch, um mir seinen getunten Mini Cooper zu zeigen, mit dem wir dann etwa 300 Meter zu seinem Domizil donnerten … eine solche Distanz zu Fuß zu gehen, wäre eines passionierten Automobilisten wie Chiron unwürdig gewesen. Egal, wie viele Whiskys on the Rocks er an der Hotelbar inzwischen getankt hatte.

Louis Chiron war 74 Jahre alt, als ich ihn kennenlernte. Seine Großeltern und Eltern waren Winzer in der Provence gewesen. Sie hatten ihre Weine an die großen Hotels der Côte d'Azur geliefert, wo der junge Louis nicht nur von den Reichen und Aristokraten beeindruckt war, sondern vor allem von ihren Automobilen. Er nahm einen Job in einem Hotel in Monte-Carlo an und wurde eines Tages Empfangschef im Casino-Hotel de Paris. Während des Ersten Weltkrieges diente er bei der französischen Artillerie und wurde Chauffeur von Feldmarschall Ferdinand Foch. Der war von Chirons Fahrkunst allerdings enttäuscht: »Als Kraftfahrer sind Sie eine Niete. Wenn der Krieg zu Ende ist, sollten Sie einen anderen Beruf ergreifen!« Aber auch Feldmarschälle können sich irren. Durch die Vermittlung von Ernest Friderich bekam Chiron 1923 Kontakt mit Bugatti und wurde für die Molsheimer Firma Werksfahrer. Friderich war einer der einflussreichsten Berater Ettore Bugattis, ein talentierter Rennfahrer und vertrat das damals schon weltberühmte Elsässer Fabrikat in Nizza.

Bald zählte der Monegasse Chiron zu den erfolgreichsten Rennfahrern seiner Zeit. Seine schier unzähligen Erfolge auf Bugatti schließen 1928 den Sieg beim Großen Preis von Rom ein, er gewann den Grand Prix de la Marne in Reims, den Grand Prix von Italien in Monza und den von Spanien in San Sebastian. 1929 waren es die Großen Preise von Deutschland und Spanien, und in Indianapolis trat er mit einem 2,0-Liter-Delage an, mit dem er Siebenter wurde. 1930 sicherte er sich den Großen Preis von Europa in Spa-Francorchamps sowie den Großen Preis von Lyon, 1931 den Großen Preis von Monaco und – zusammen mit Achille Varzi – den Großen Preis von Frankreich.

Mit dem deutschen Rennfahrer Rudolf Caracciola gründete Louis Chiron 1933 die Scuderia CC, die über drei Alfa Romeo Monza und zwei Bugatti T.51 verfügte. Doch schon bei ihrem ersten Auftritt fiel Partner Caracciola aus: Beim Training zum Großen Preis von Monaco setzte er seinen Alfa gegen eine Mauer, wobei er sich eine schwere Verletzung an der Hüfte zuzog. Chiron machte alleine weiter, tat sich dann mit Luigi Chinetti zusammen

Chiron in einem Alfa Romeo Grand-Prix-Wagen

und bestritt mit diesem die 24 Stunden von Le Mans, die sie auch gewannen. Anschließend löste sich die Renngemeinschaft jedoch auf und Chiron wurde Mitglied der Scuderia Ferrari, wie sich die Alfa-Romeo-Rennabteilung nannte. Auf Alfa Romeo gewann er 1934 den Großen Preis von Frankreich, wurde in drei weiteren wichtigen Rennen Zweiter. Auch 1935 fuhr er für die Scuderia Ferrari, unter anderem steuerte er den komplizierten Alfa Bi-motore im Berliner Avus-Rennen.

1936 holte ihn Alfred Neubauer ins Mercedes-Benz-Team. Doch er hatte Pech und erlitt einen schweren Unfall. Chiron verließ das Team wieder – der gute Stern hatte sich für den Monegassen nicht von seiner besten Seite gezeigt.

Kurz nachdem Chiron mit Rudolf Caracciola in Kontakt gekommen war, lernte er Alfred Hoffmann kennen, den Erben des Pharmakonzerns Hoffmann-La Roche, der von Chirons Fähigkeiten sehr beeindruckt war: Er finanzierte einen großen Teil von Chirons Renneinsätzen. Mehr als von seinem Mäzen Hoffmann fühlte sich Chiron aber durch dessen Ehefrau Alice angezogen. Sie war eines der ersten »Boxengirls« und bei vielen Rennen als Zeitnehmerin zu sehen. Mit Chiron zog sie von einem Rennen zum

Die meisten seiner vielen Erfolge erzielte Louis Chiron auf Bugatti-Rennwagen

nächsten. Doch dann verliebte sich Alice in Chirons Kollegen und Konkur-
renten Rudolf Caracciola, den sie 1937 auch heiratete. Eigens wegen der
Liaison mit Chiron hatte sich »Baby« Alice von Alfred Hoffmann scheiden
lassen, und nun wurde sie Caracciolas Ehefrau ... Der enttäusche Chiron
ließ Alice höchst ungalant wissen, dass er sich künftig lieber jüngeren Frau-
en zuwenden werde – damit war aber auch die Freundschaft mit Caracciola
beendet.

Auf Caracciola war Chiron, als ich ihn interviewte, also nicht sehr gut zu
sprechen, eben wegen Alice Hoffmann, die sein Rivale ihm ausgespannt
hatte. Er schien es noch dreieinhalb Jahrzehnte später nicht verwunden zu
haben. Umso ausführlicher schwelgte er in seinen Erinnerungen, die Luigi
Fagioli betrafen. Luigi Fagioli war bis 1933 der Spitzenfahrer im Maserati-
Team, bevor ihn Enzo Ferrari zu seiner Alfa Romeo-Equipe abwarb. Doch
schon ein Jahr später war er Mitglied der Mercedes-Benz-Mannschaft und
wurde auf Anhieb Zweiter beim Großen Preis von Deutschland auf dem
Nürburgring, gewann die Coppa Acerbo, die Großen Preise von Italien (zusammen mit Caracciola) und Spanien. Auch 1935 und 1936 stand er in Mer-
cedes-Diensten, so schwer er sich stets mit Alfred Neubauers Teamorder ab-
fand, bis er zur Auto Union wechselte. Für die Sachsen bestritt er nicht mehr

als vier Rennen, weil er häufig krank war. »Fagioli hatte einen Fahrstil, den ich bewundert habe. Der Mann konnte einen Powerslide hinlegen, der halsbrecherisch wirkte ...« Chiron zeichnete dabei mit der Körpersprache eines echten Monegassen nach, wie der Italiener seinen Silberpfeil durch die Kurven bewegt hatte und pfiff mit gespitzten Lippen die Reifengeräusche nach, mit denen die Continental-Pneus 1936 auf Fagiolis Akrobatik reagierten. Die Lustige an der Unterhaltung war, dass Chiron einen Papagei besaß, der während unserer Unterhaltung auf seiner linken Schulter hockte – und Fagiolis Reifenpfeifgeräusche exakt nachahmte. Ein wunderschönes Erlebnis, das man nicht vergisst.

1955 beteiligte sich Chiron mit einem Lancia Aurelia B20 an der Rallye Monte-Carlo und gewann sie sogar. Auch war er der älteste Grand-Prix-Fahrer, der je an einem Formel-1-Rennen teilgenommen hat: Das war der Große Preis von Monaco 1958; Chiron war damals 58 Jahre alt. Mit einem Citroën DS19 war er 1957 an den Start zur Mille Miglia gegangen, um sich den Klassensieg zu holen.

Nach seinem letzten aktiven Einsatz wurde er von Fürst Rainier III. gebeten, sich für die beiden großen Motorsportereignisse des Jahres als Renndirektor zur Verfügung zu stellen, die Rallye Monte-Carlo und den Monaco GP. Dieser ehrenvollen Pflicht kam Chiron bis 1979 nach, einem Monat vor seinem Tod. Ich schätze mich glücklich, diesen bemerkenswerten Mann noch kennen gelernt zu haben. Am Hafen von Monte-Carlo steht heute eine Büste Louis Alexandre Chirons.

Mit 125 Sachen quer durch die Sahara

Ein Wagen der Loiseau-Equipe in der Sahara

Frédéric Loiseau (82), 1973

Auf den ersten Blick würde man den Bugatti für total verhunzt halten, für verschandelt und vermurkst. Da hat doch jemand aus dem Tourensportwagen Baujahr 1928 einen Pickup gemacht – das Spitzheck abgesägt und durch eine simple Holzkiste ersetzt. Was für eine Schändung ...

Dieses Auto gehört zu der riesigen Bugatti-Kollektion im Schlumpf-Museum und ist keineswegs das Opfer einer Vermurkserei der Nachkriegszeit, als so mancher schöne Klassiker zum Nutzfahrzeug degradiert wurde, den Zwängen der damaligen Fahrzeugnot entsprechend. Es handelt sich bei dem 1928er Typ 40 1,5 Liter vielmehr um einen werksseitig vorgenommenen Umbau, in Auftrag gegeben von einem jungen Offizier der französischen Armee für ein außerordentlich sportliches Unterfangen. Und nicht nur ein, sondern vier Wagen wurden solcher Operation unterzogen. Einer ist erhalten geblieben. Leider hat man die ursprünglich naturhölzerne Frachtkiste irgendwann einmal blau angemalt. Auch hat man dem Wagen Kotflügel angeschraubt, Scheinwerfer jüngeren Datums verpasst und die Sitzbank mit schwarzem Leder bezogen. Ursprünglich war das Leder weiß.

Lieutenant Frédéric Loiseau hieß der Mann, der 1929 am Lenkrad dieses Bugatti die Sahara und einen Teil des Urwalds von Guinea mit einem Schnitt von 100 km/h zu durchqueren vorhatte. Ich habe ihn 1973 kennengelernt.

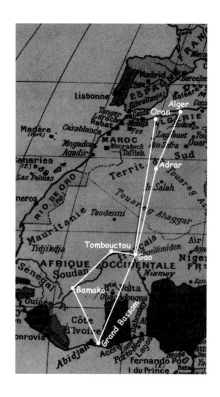

Als ich ihn aufsuchte, kam er gerade vom Supermarkt zurück und trug eine schwere Einkaufstasche. Der von seiner Mitwelt fast vergessene Afrikaheld bewohnte in der Rue de Franco Nr. 100 in Nizza ein Appartement, das nur aus einer Wohnküche und einer Schlafkammer bestand.

Monsieur Loiseau war einigermaßen überrascht, dass ihn ein junger Deutscher aufsuchte und sich für seine Geschichte interessierte: »Mich kennen ja nicht einmal die Franzosen mehr!« 1929 hatten er und fünf Kameraden – darunter ein Arzt und ein Mechaniker – mit den vier umgebauten Bugatti Sportwagen in 34 Tagen Nordafrika bis hinunter zum Golf von Guinea und zurück durchquert, eine Strecke von 14 000 Kilometern. Mit ihren bescheidenen 1,5-Liter-Motoren waren die Wagen auf den Sandpisten bis zu 125 km/h schnell. Sensationell! Durch den Umbau waren die 750 kg wiegenden Autos in camionettes verwandelt worden; die großen Kästen hinter den vorderen Sitzen waren für Benzin- und Wasserkanister gedacht – eine Zuladung von 800 Kilogramm. Loiseaus Wagen wurde weniger schwer beladen, damit er schneller sein und vorausfahren konnte. Auch hatte sein Auto keine Frontscheibe. Der Museumswagen entbehrt heute der Trittbretter und anderer Details, wie Vergleiche mit alten Fotos erkennen lassen.

Der freundliche alte Herr lieh mir ein Exemplar seines Buches, das 1932 über die abenteuerliche

Über Loiseaus Sahara-Fahrten erschien 2004 noch einmal ein Buch

Zwei der Loiseau-Bugatti in einem Showroom in Algier

Reise veröffentlicht worden war; 2004 erschien es in einer Neuauflage. Mit einem Foto auf dem Rücktitel des Einbandes, das ich anlässlich meines Besuchs bei Loiseau aufgenommen und ihm anschließend zugeschickt hatte.

Frédéric Loiseau, Jahrgang 1891, war der Sohn eines Diplomaten (der auch zahlreiche politische Bücher verfasst hat) und einer russischen Prinzessin; er wuchs auf einem Schloss in den Jurabergen auf. Im Ersten Weltkrieg war er Aufklärungsflieger, anschließend diente er beim französischen Militär in Marokko. Der Kolonialdienst war für ihn etwas langweilig, weshalb er sich in seiner reichlichen Freizeit dem Motorsport zuwandte. Er beteiligte sich an diversen Rennen und unternahm auch eine Rekordfahrt von Casablanca nach Paris und retour. Vermögend, wie er von Haus aus war, konnte er sich kostspielige Liebhabereien erlauben. Pferde gehörten ebenfalls dazu. Als »der Mann, der als Erster mit einem Schnitt von über 100 Sachen die Sahara durchquerte«, wurde Loiseau damals groß gefeiert.

Ein Jahr nach unserer Begegnung ist Frédéric Loiseau verstorben, als wenig begüterter Pensionär. Mit dem Anerbieten, dem 82-jährigen quasi-Erfinder der Dakar-Rallye die Einkaufstasche die Treppe hinauf zu tragen, war ich übrigens an den Falschen geraten: »Junger Freund, für wie altersschwach halten Sie mich denn?!«

VON LONDON NACH SYDNEY IM VINTAGE-BENTLEY:

Mut zur Chancenlosigkeit

Souvenirs, Mister? Nein danke, lieber eine Tankstelle!

Patrick Lindsay (links), Keith Schellenberg (abgetaucht)

J enes Unterfangen der Gentlemen Keith Schellenberg, Patrick Lindsay und Norman Barclay spektakulär zu nennen, die am 24. November 1968 unter der Nummer 84 an den Start eines Rennens gingen, das über 16 000 Kilometer nicht nur gegen die Uhr ausgetragen wurde, sondern gegen eine mächtige Konkurrenz – das wäre untertrieben. Achtundneunzig Automobile vom getunten Porsche 911 bis zum Ford Lotus Cortina, vom tropentauglichen Rolls-Royce bis zum Monte-Carlo-Mini, vom hochbeinigen Moskwitsch bis zum biederen Land Rover! Welche Chancen sich angesichts eines solchen Wettbewerbs Schellenberg, Lindsay und Barclay wohl ausgerechnet hatten? Der Event war ganz und gar keine Oldtimer-Rallye, sondern ein echtes Straßenrennen; es führte von London über Paris, Turin, Belgrad, Istanbul, Teheran, Kabul bis Bombay und anschließend quer durch Australien von Freemantle nach Sydney, und das Auto der drei war mit Baujahr 1930 nicht nur das älteste der ganzen Armada, sondern mit drei Tonnen (inklusive 250 Liter Reservesprit) auch das schwerste, und sein Motor hatte den größten Hubraum aller gemeldeten Fahrzeuge. Es war ein 8-Litre Bentley Tourer.

Ich habe den Marathon zwar nicht begleitet, war aber an zwei der Kontrollpunkte zur Stelle, an denen sich die Fahrer und ihre Autos eine kurze Rast gönnten: in Istanbul und Teheran. In Istanbul trafen die Fahrzeuge in einem bereits sehr weit auseinander gezogenen Feld bei Nieselregen ab Mitternacht ein, die letzten machten sich gegen Mittag wieder auf den Weg.

Noch dabei waren in der Türkei die drei Bentley-Helden: übermüdet und überanstrengt, durchgefroren und hungrig. An ihrem Fahrzeug gab es Probleme mit der Zündung. Mit klammen Fingern wurde in Istanbul gewerkelt und geschraubt, Schellenberg fluchte und lachte abwechselnd, Lindsay machte ein nachdenkliches Gesicht, Barclay versuchte der Sache mit theoretischen Überlegungen beizukommen. Natürlich zog der alte Bentley die meiste Aufmerksamkeit auf sich; neugieriges Volk scharte sich um den Wagen und behinderte die etwas genervte Crew bei der Arbeit. Ich war einer der wenigen Journalisten vor Ort und vermutlich einziger Deutscher (für das Magazin »rallye+racing« berichtend).

Patrick Lindsay, knapp zwei Wochen zuvor 40 geworden, kannte ich von einer früheren Begegnung her. Der Sohn von Sir David Alexander Robert Lindsay, Earl of Crawford, und Mary Katherine Cavendish, war zunächst Berufsoffizier bei den Scots Guards gewesen und hatte sich nach einem anschließenden Studium in Oxford der Kunstgeschichte zugewandt. Er wurde beim Londoner Auktionshaus Christie's Gutachter für Alte Meister, leitete aber auch Versteigerungen von klassischen Motorfahrzeugen. Er besaß eine Sammlung historischer Rennwagen und ausgemusterter Militärflugzeuge und beteiligte sich später mit seinen Söhnen Ludovic, James und Valentine (ein berühmter Gitarrist) an zahlreichen Oldtimer-Rennen.

Clifford Keith Wayne Schellenberg, ein halbes Jahr jünger als Lindsay, war eine Bombe von einem Mannsbild, in den 1950er- und 1960er-Jahren erfolgreicher Tobogganfahrer (für Großbritannien auch bei den Olympischen Winterspielen 1956 und 1964) und nahm mit Vintage-Bentleys an zahlreichen Rennen teil. Auf seiner 1975 erworbenen Privatinsel Eigg (Hebriden, Schottland) lebte der Millionär mit Schweizer Vorfahren später das Dasein eines exzentrischen Feudalherrn. Beliebt war er dort nicht. Nachdem man ihm nächtens seinen 1927er Rolls-Royce angezündet hatte, verließ er das Eiland resigniert und verkaufte es; die Insulaner sandten ihm einen Fluch hinterher. 1999 wurde der Mann, der in der Werftindustrie und mit dem Handel von Tierfutter ein Vermögen verdient hatte, wegen diverser Willkürakte von einigen Eigg-Insulanern sogar verklagt.

Norman Barclay war kein Geringerer als der Neffe des John (Jack) Donald Barclay, der als Vauxhall-Rennfahrer einen Namen hatte. Jack bestritt zahlreiche Rennen in Brooklands, stellte auch Rekorde auf; am Steuer eines Bentley entkam er bei einem Unfall nur knapp dem Tod, als bei 170 km/h ein Reifen platzte. Ab 1922 war Barclay Autohändler und verkaufte Bentley-, Vauxhall- und Rolls-Royce-Automobile.

Wenn die wagemutigen Männer die nächste Etappe nicht in der Zeitvorgabe schafften, dann nicht, weil sie oder ihr antiker Bentley schlapp gemacht hätten. Vielmehr war es pure Hilfsbereitschaft, die ihren Ausfall bewirkte. Denn sie hatten ihren Tourer gestoppt, um einem Landsmann zu helfen,

Keith Schellenberg im Cockpit des 8 Liter Bentley

der offenbar mit Motorschaden stehengeblieben war. Zwei Mann stiegen aus, der dritte – es war Lindsay – blieb im Wagen sitzen. Doch noch während die beiden Helfer zu dem Pannenauto eilten, kam es zur Katastrophe: Der Bentley, auf dem unbefestigten Seitenstreifen der Landstraße abgestellt, kam seitlich ins Rutschen, weil der lockere Untergrund unter dem Gewicht des Fahrzeugs nachgab. Acht Meter rutschte es die Böschung hinab, kippte dann auf die Seite. Lindsay zog sich eine Nierenquetschung zu; die Fahrt musste für drei Tage unterbrochen werden; damit waren die Männer aus dem Rennen.

Für mich war die Nachricht von diesem Unglück, als sie am Kontrollpunkt Teheran die Runde machte, besonders enttäuschend. Denn das Bentley-Abenteuer wäre ja »meine« ganz spezielle Story gewesen, und ich hatte gehofft, dass die drei Männer es noch bis zur Abfahrt des Schiffes in Bombay schaffen würden. Das aber legte ab, nachdem 72 Teilnehmer am Kai eingetroffen waren. Später war es für mich fast unerheblich zu erfahren, dass Andrew Cowan, Brian Coyle und Colin Malkin auf einem Hillman Hunter den mit 100 000 Pfund dotierten London–Sydney-Marathon gewonnen hatten.

Als ich Patrick Lindsay bei der Besichtigung seines Fliegerhangars in West Weycombe, Buckinghamshire, in Begleitung des dort wohnenden Invicta-Experten Bob Wood einige Jahre später auf das Unglück ansprach, erwiderte er nur: »Well, forget it. It was a great experience, after all, and we have survived, haven't we?« Er verstarb 1986 in London – nicht nur für seine Angehörigen viel zu früh. Er war keine 60 Jahre alt geworden.

Söderström lässt die Reifen pfeifen

Alan Söderström

Alan Söderström lernte ich kennen, nachdem ich seinen Namen als Besitzer interessanter Oldtimer gelesen hatte, deren Fotos einen Wandkalender schmückten. »Collection Söderström« hieß es im Impressum. Der Mann schien über eine wirklich bemerkenswerte Autosammlung zu verfügen.

Ich bekam heraus, dass Alan Söderström vor dem Krieg zu den größten Autoimporteuren in Schweden gehört und viele namhafte Fabrikate jener Ära vertreten hatte, amerikanische, britische, deutsche, französische. Die Förenade Bil A.B. existierte noch immer und vertrat jetzt unter anderem BMW. Ich meldete mich beim Firmensenior Söderström in Malmö zu einem Besuch an und wurde von dem alten Herrn (ich erfuhr, dass er 84 war) herzlich empfangen. Die Geschäfte führte längst einer seiner Söhne, doch das private Automuseum, das zu besichtigen mich interessierte, betrachtete er als seine ganz persönliche Angelegenheit. Herr Söderström zeigte mir seine Schätze voller Stolz und wusste zu jedem Wagen eine Geschichte zu erzählen. Aber er bat mich auch, über den wahren Umfang der Sammlung Stillschweigen zu bewahren: des Finanzamts wegen.

Einen kleinen Zweisitzer mit BMW-Kühlergrill ließ er dennoch für mich ins Freie fahren, damit ich ihn fotografieren durfte – als einziges Fahrzeug seiner Kollektion. Das Coupé, einem Fiat Topolino ähnlich, war ein 1949 entstandener Prototyp mit Motorradmotor, von dessen Existenz ich noch nie etwas gehört hatte. Söderström hatte das hübsche Auto bei einem seiner Routinebesuche bei BMW in einem Depot stehen sehen und gefragt, ob es verkäuflich sei. »Direktor Hahnemann hatte für mein Interesse nur Spott übrig, wie es seine Art war. Ich solle mich bitte nicht mit solchen Lächerlichkeiten beschäftigen und lieber ein paar Dutzend BMW 1500 ordern. Ich bohrte aber weiter – mit dem Ergebnis, dass Hahnemann schließlich sagte: ›Meine Güte, dann schenke ich Ihnen den Staubfänger, Söderström, hier nimmt er uns ja nur Platz weg.‹«

Zu Hause kredenzte Herr Söderström als Aperitif einen Southern Comfort, bevor er mich zu einem Landgasthof fuhr, wo wir zu Mittag aßen: »Dort wird nämlich kein Alkohol ausgeschenkt.« Für den Ausflug wählte er einen der attraktivsten Wagen seiner Sammlung, einen roten BMW 507 Roadster (den durfte ich dann in seinem Garten ebenfalls fotografieren). Ihm machte es ungeheuren Spaß, den BMW nach Halbstarkenart zu bewegen – mit durchdrehenden Rädern und quietschenden Reifen. An den Ampeln legte er es darauf an, den neben ihm stehenden Autos im Kavalierstart davonzufahren – »Hast du die verdutzten Gesichter der jungen Leute gesehen? Die sollen bloß nicht glauben, dass hier ein alter Mann mit seinem alten Auto keine Power mehr hat ...«

Bei einem Rohkostmenü und einem Glas Milch erfuhr ich dann auch die Geschichte, wie er an sein wunderschönes Bugatti-Cabriolet Baujahr 1936 gekommen war: »Anlässlich einer meiner Besuche bei BMW in München sah ich den Wagen vor dem Portal des Hotels Bayerischer Hof stehen. Das war im Sommer 1960. Ich ging ins Haus und fragte den Portier, wer denn der Besitzer des Bugatti sei, der draußen parke. Aus Gründen der Diskretion wollte er den Namen nicht nennen, nur, dass der Herr regelmäßig vorgefahren komme, um im Restaurant mit Geschäftsfreunden zu speisen. Deshalb postierte ich mich vor dem Hotel und wartete, bis der Bugatti-Besitzer erschien. Als er im Begriff war, in das Auto zu steigen, überreichte ich ihm meine Karte, aus der er ersehen konnte, dass ich ein BMW-Importeur aus Schweden war. Nein, seinen Wagen gedenke er keinesfalls zu verkaufen. Aber er gab mir auch seine Karte.

Er war ein Fabrikant aus München-Pasing, und als ich im Herbst ein weiteres Mal in München war, rief ich ihn an und fragte, ob er seine Einstellung vielleicht geändert habe; ich sei an seinem Bugatti nach wie vor interessiert. Er verneinte. Das Spiel wiederholte sich noch zwei Mal im darauffolgenden Jahr. Ich blieb hartnäckig. Im Frühjahr 1962 schließlich lud mich der Mann zum Kaffee in seine Villa ein, damit wir uns endlich mal etwas näher kennenlernten. Und so ganz nebenbei eröffnete er mir dabei: ›Wissen Sie was, Herr Söderström, ich schenke Ihnen den Wagen. Ich könnte eine Menge Geld dafür verlangen, aber das würde mich nicht reicher machen, Geld spielt für mich keine Rolle. Und da ich annehmen darf, dass Sie wirklich ernsthaft an dem guten Stück interessiert sind, kommt es sicher in gute Hände.‹«

Wertvolle Geschenke schienen Söderström nur so zuzufließen, wie auch die Geschichte mit der silbernen Campbell-Trophäe beweist. »Die Skulptur sah ich in der Auslage eines Juweliergeschäftes in London. Es handelte sich um eine etwa 40 Zentimeter lange Nachbildung des Weltrekordwagens von 1928, gestiftet von der Ölfirma Castrol. Ich betrat das Geschäft und fragte nach dem Preis des kostbaren Stücks. Es sei leider unverkäuflich, musste ich hören, und stünde nur zu dekorativem Zweck im Fenster. Man habe es von Campbells Witwe zum Aufpolieren bekommen, und sie werde das Modell gewiss bald wieder abholen.

Malcolm Campbell war 1948 mit 63 Jahren verstorben. Seine Witwe musste über unendlich viele solcher Trophäen verfügen, denn Campbell war ein sehr erfolgreicher Renn- und Rekordfahrer gewesen, fast ein Nationalheld. Ich vergaß die Sache zunächst, erinnerte mich aber ein halbes Jahr später wieder daran und suchte den Juwelier erneut auf. Die Trophäe stand immer noch im Fenster. Ich erzählte dem Mann alles, was ich über Campbells Rekordfahrten wusste, was eine ganze Menge war und ihn sehr zu beeindrucken schien. Ich ließ meine Karte da und bat, dass mich die Witwe Campbell doch bitte verständigen möge, falls sie diese oder auch eine andere Trophäe ihres verstorbenen Mannes verkaufen wolle. Was der Juwelier ganz und gar ausschloss, das würde die Lady nicht nötig haben.

Bei einem dritten Besuch bei jenem Juwelier sah ich, dass die Trophäe nicht mehr im Fenster stand. Ich betrat den Laden und fürchtete, jetzt habe Mrs. Campbell sich doch von dem Modell getrennt und mir sei jemand zuvorgekommen. Doch der Geschäftsinhaber lächelte geheimnisvoll und übergab mir einen Brief. Er war von Mrs. Campbell. Sie teilte mir darin mit, dass es ihr eine Freude und Ehre sei, mir die Skulptur zum Geschenk machen zu dürfen; durch mein so großes Interesse hätte ich bewiesen, dass ich ihrer würdig sei ... und so weiter. Und während ich mit dem Lesen des Briefes beschäftigt war, hatte der Juwelier, der seine Kundin über meine Campbell-Euphorie wohl eingehend unterrichtet hatte, die Trophäe aus seinen hinteren Räumen angeschleppt; sie schien recht schwer zu sein und war in ein weißes Moltontuch eingeschlagen.«

Mäzen aus Leidenschaft

L. Scott Bailey und seine Ehefrau Peggy, 1980

Starke Impulse verlieh mir die Begegnung mit dem amerikanischen Verleger Lloyd Robert Scott Bailey, ein bemerkenswerter Mann mit leidenschaftlichem Engagement auf allen Sektoren der Automobilgeschichte. Seit 1973 standen wir lose in Kontakt, doch persönlich lernte ich ihn erst im Sommer 1975 kennen, als er anlässlich einer Europareise bei uns in München Station machte. Längst war er Mila und mir ein Begriff – als Herausgeber hochwertiger Bücher sowie des seit 1962 viermal im Jahr erscheinenden Periodikums »Automobile Quarterly«, ein brillantes Hardcover-Magazin, das in der Branche neue Maßstäbe setzte für Qualität in der Recherche, in der Fotografie, in der Akribie automobilhistorischer Dokumentation, nicht zuletzt in der Aufmachung unter Verzicht von Inseraten. In Kutztown, Pennsylvania, hatte Scott gemeinsam mit einer kleinen, aber feinen Druckerei eine Firma gegründet, die durch ihre ambitiösen Veröffentlichungen bald weltbekannt wurde. In der Welt der Autonarren zumindest. In unserer Münchner Buchhandlung haben wir unendliche viele Bücher aus Kutztown verkauft, alle Titel auch immer auf der Frankfurter Buchmesse ausgestellt. Wenn »Automobile Quarterly« und die unter diesem Label veröffentlichten Bücher in Deutschland einige Verbreitung fanden, dann gewiss durch unsere Aktivitäten. Scott wusste unser Engagement hoch anzuerkennen.

Scott war natürlich selbst ein hochgradiger Autonarr, hatte vorher das auflagenstarke Magazin des Antique Automobile Club of America (AACA) verlegt und beherrschte sein Metier inzwischen als Profi. Als Sohn einer wohlhabenden Quäkerfamilie in New York geboren, diente er nach seinem Jurastudium als Offizier in der US Navy, bevor er den Entschluss fasste, sich dem Werbe- und Verlagsgeschäft zu widmen. Die prominentesten Automobilhistoriker in der englischsprachigen Welt und die besten Fotografen wurden seine Mitarbeiter. Scott Bailey legte eine Sammlung wertvoller automobilhistorischer Dokumente an, veröffentlichte neben dem AQ jedes Jahr weitere Autobücher, und als er uns in München besuchen kam und wir uns zum ersten Mal begegneten, erkannten wir in ihm einen Geschäftspartner, wie er – nach unserer Vorstellung – amerikanischer nicht sein konnte: verhandlungsgeschickt, selbstbewusst und gewinnorientiert, gleichwohl großzügig, entgegenkommend von christlich-ethischen Prinzipien der Ehrlichkeit und Fairness geleitet. Wir kamen überein, dass er eines meiner Bücher in einer amerikanischen Lizenz herausgab und ich in Deutschland einen Verlag für sein bisher bedeutendstes Werk akquirierte. Es handelte sich um Karl Ludvigsens Buch »Porsche – excellence was expected«, das bis dato umfangreichste Werk zur Porsche-Geschichte überhaupt. Unser Nachbar Clemens Deisenhammer begann es zu übersetzen, gab aber bald auf, und so führte ich die Arbeit zu Ende. Ein guter Einstieg, wie sich später herausstellte, um mit dem Schreibstil eines Karl Ludvigsen vertraut zu werden. Für beide Seiten entwickelte sich aus diesem Deal eine profitable wie von familiärer Freundschaft geprägte Verbindung. Selten genug bekommt man dies unter einen Hut. Scott erwarb die Lizenzrechte an meinem im Bleicher Verlag verlegten großen BMW-Buch, das sich gut verkaufen ließ, und Bleicher erhielt die deutschsprachigen Rechte an Ludvigsens Mercedes-Benz-Rennwagen-Buch. Der Porsche-Wälzer schien Bleicher eine Nummer zu groß, den gab dann der Münchner BLV Verlag heraus. Ich versuchte, BLV auch für eine deutschsprachige AQ-Lizenz zu gewinnen – den Herren in der Lothstraße 19 fehlte jedoch der Mut, sich für ein Projekt zu engagieren, das für sie eine langfristige Partnerbindung bedeutet hätte. Gelegentlich übernachtete Scott bei uns auf der Wohnzimmercouch, mit der Option, morgens zweimal um den Block zu joggen: »I am a runner!« Auf ein Frühstück pflegte er zu verzichten.

Einige Jahre zuvor hatte Scott Bailey die amerikanische Öffentlichkeit mit einer dramatischen Aktion überraschen können. Jeder einigermaßen in der Automobilgeschichte bewanderte »car nut« weiß, dass ein gewisser George B. Schuster 1908 auf einem Thomas Flyer das Rennen von New York nach Paris gewonnen hatte. Schuster hatte den Wagen von Anfang bis Ende der 21 470 Kilometer langen und 169 Tage währenden Tour ohne Ablösung chauffiert. Der deutschstämmige Athlet war ein Werksfahrer der Firma Thomas in Buffalo, N.Y., und sein Boss hatte ihm eine Prämie von tausend Dollar für den Fall des Sieges versprochen. Nur: Als Schuster tatsächlich als Sieger nach Buffalo heimkehrte, war sein Arbeitgeber Erwin Ross Thomas pleite. Nur das Auto durfte Schuster behalten …

Was sollte er aber mit dem bis an die Grenzen der Belastbarkeit strapazierten und jetzt beinahe schrottreifen Wagen anfangen? Er verkaufte den Thomas Flyer für ein paar Dollar und suchte sich einen neuen Job, wurde Kundendienstleiter bei Pierce Arrow. Während des Ersten Weltkriegs arbeitete

L. Scott-Bailey mit seinem MG TA, 2005 in Chipping Camden

er für eine russische Lastwagen-Exportgesellschaft in China. Weitere Stationen seiner Karriere waren Jobs in Nordafrika und Argentinien; von 1936 bis zu seiner Pensionierung 1946 vertrat Schuster den Getriebehersteller Cutter Davis. Dann verlor sich seine Spur.

Sowohl der Sieger von 1908 als sein Auto galten als verschollen. Scott Bailey war es, der in mühsamer und kostspieliger Recherche beide wieder ausfindig machte. Schuster, inzwischen weit über 80, hatte sich ins warme Florida zurückgezogen, und die Fragmente des Thomas Flyer fand Scott Bailey in einem halb zusammengefallenen Werksschuppen. An einem groß inszenierten Bühnenabend des AACA führte er den ahnungslosen Greis mit seinem Auto nach 60 Jahren wieder zusammen – und Scott stellte dem alten Herrn die Frage, ob er je die versprochenen tausend Dollar bekommen habe. »Natürlich nicht«, lautete die Antwort, die Scott gar nicht anders erwartet hatte. Denn er überreichte Schuster einen Scheck über das Zehnfache dieses Betrages – »eine bescheidene Verzinsung«, wie Scott hinzufügte. Das Auto wanderte anschließend ins Harrah-Museum in Reno, Nevada, und wurde aufwendig restauriert. Ich habe es dort besichtigen können. Sehr viel später

Scott hatte vergessen, dass er irgendwo in New York einen Ford T gekauft hatte ... der eines Tages verschwunden war ...

hatte ich eine interessante Begegnung mit einem Herrn auf der Insel Guernsey, der den nämlichen Wagen ebenfalls besaß, obwohl das physisch nicht möglich ist, oder zumindest sein dürfte. Ich komme darauf zurück.

In einer weiteren, nicht weniger spektakulären Aktion präsentierte Scott Bailey im Jahre 1988 seiner Mitwelt den ältesten amerikanischen Motorwagen, dessen Wrack er ausfindig gemacht hatte, einen 1893 entstandenen, von Charles Duryea konstruierten Prototyp. Scott ließ ihn wieder aufbauen und organisierte eine Versteigerung, die 125 000 Dollar für einen karitativen Zweck einbrachte. Der Motorveteran fand seinen Weg zurück in Duryeas Heimatort Peoria im Bundesstaat Illinois.

Ein Auto jedoch, das Scott in den 1950er-Jahren aufgetrieben und erworben hatte, versank wieder in die Unauffindbarkeit: »Ich hatte eines der allerersten Ford T-Modelle gefunden und in eine eigens dafür angemietete Garage in New York gestellt. Wichtigere Dinge als die Tin Lizzie von 1908 ließen mich das Auto vergessen – und als ich mich seiner nach vier oder fünf Jahren erinnerte, dorthin zurückkehrte und darauf gefasst war, eine horrende Summe für die angefallene Miete zu bezahlen, musste ich feststellen, dass man das Haus samt Garage längst abgerissen hatte. Was aus meinem Ford geworden war, blieb ein Rätsel.«

Bevor Lloyd Robert Scott Bailey 1987 nach England übersiedelte, lebte er mit seiner Familie in Princeton, jenem idyllischen Universitätsstädtchen in New Jersey, das nicht zuletzt durch Albert Einstein, Thomas Mann und Stalins Tochter Svetlana berühmt wurde (auch Joschka Fischer hatte dort zeitweilig eine Professur). Als Mila und ich Scott dort einmal besuchten, beeindruckten uns in der Parkvilla nicht nur das mit großer Etikette und durch weiß behandschuhtes Personal servierte sechsgängige Dinner, sondern auch der Rembrandt über dem Rokoko-Büffet. Doch bei meiner letzten Begegnung mit Scott in Chipping Camden, England, im Sommer 2007, verriet er einigen Freunden und mir in der Garage seines geliebten MG P-type Midget ein Geheimnis: »Das war kein echter Rembrandt, sondern nur eine Kopie. Ihr hattet mich wohl alle für einen Millionär gehalten?«

Ehrlich gesagt: ja. Seine Kinder Douglas und Meggy sicher auch. Ihr Daddy verstarb in seinem 88. Lebensjahr am 26. Juni 2012. Automobilhistoriker in aller Welt hatten mit ihm eine legendäre Leitfigur und einen Promotor ihrer Sache verloren, wie es sie nur selten gibt.

Überraschung auf der Insel Guernsey

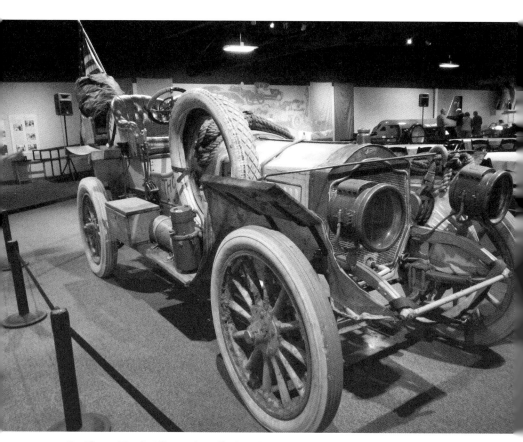

Der Thomas Flyer in Bill Harrah's Collection: Siegerwagen des Rennens von 1908?

Eine meiner Reisen nach Coventry, Sitz der Firma Jaguar, plante ich im September 1998 mit einem Abstecher zur Kanalinsel Guernsey, wo ich Nick Georgano besuchen wollte. Die Branche kennt ihn als einen hervorragenden Automobilhistoriker. Nach Guernsey setzte ich von St. Malo im Norden Frankreichs über. Ein Auto mit auf die Insel zu nehmen, erwies sich allerdings als unsinnig. Die engen, kurvenreichen Sträßchen eignen sich allenfalls für Motorroller. Außerdem war die Benutzung der Autofähre mit umgerechnet 540 Mark sehr teuer. Gelohnt hat sich der Stop-over auf Guernsey dennoch. Nick machte mich nämlich mit Wolfgang Gawor bekannt, einem deutschen Emigranten, dessen Lebensgeschichte ich gern geschrieben hätte – wäre er nicht wenig später verstorben.

Gawor, aus dem Sudetenland stammend, hatte in Kalifornien zu einer Zeit ausgedehnte Landflächen erworben, als die noch nicht für den Weinbau erschlossen waren. Es gab damals nur ein paar Winzer, die den Versuch unternahmen, in den sonnengewärmten Tälern Rebstöcke zu pflanzen. Als sich erwies, dass jene Region für den Weinbau geradezu ideal sein würde, stieg der Wert von Gawors Grundstücken auf das Hundertfache des Kaufpreises. Gawor war binnen Kurzem Millionär, und da er mit einigen Produzenten Verträge abgeschlossen hatte, die ihm pro Flasche einen US-Cent garantierten, waren ihm hohe Dauereinkünfte sicher. Gawor lebte aber nicht nur in Kalifornien, sondern mal auf Korfu, mal in Florida, mal auf Guernsey, mal in Paris, Rom oder London. Sein ganz großer Wunsch war eine bestimmte, 1909 bei Sparkman & Stephens auf Kiel gelegte Yacht zu besitzen, einen Viermastschoner, gebaut für einen der Vanderbilt-Erben. Jahrelang forschte Gawor nach dem Verbleib der Luxusyacht, und er fand sie tatsächlich. Sie lag im Hafen von Alexandria, Ägypten, und stand sogar zum Verkauf. Als mir Gawor im Verlauf unseres Gesprächs das Schiff beschrieb, wusste ich sofort, wovon er sprach: Sowohl die Werft als auch der historische Viermaster waren mir – als Liebhaber alter Schiffe – natürlich ein Begriff, was wiederum Gawor erstaunte und beeindruckte.

Viel Freude hatte Gawor an dem stolzen Schiff nicht. Ihm war nicht bewusst gewesen, welch enormen Tiefgang es hatte. All die Yachthäfen, die sein neuer Besitzer gerne angelaufen hätte, kamen für einen Besuch nicht infrage. Immer musste draußen auf der Reede geankert werden, weitab vom Kai, wo all die anderen Millionäre ihre Yachten vorzuführen pflegten, in Monaco, St. Tropez, Miami Beach, Alicante, Palma, Portofino, Guernsey … nirgendwo konnte der riesige Schoner präsentiert werden. Mit Genugtuung aber zeigte mir Wolfgang Gawor zwei andere Juwelen. Vorher hatte er mich gefragt: »Haben Sie schon einmal einen richtigen französischen Rennwagen gesehen?« – »Oh ja, Bugatti, Amilcar, Delahaye …« Da konnte Gawor nur lächeln und sagte: »Nein, ich meine: einen ganz alten!« Und öffnete das Garagentor.

Was ich erblickte, war ein Mors aus dem Jahre 1903, ein gigantischer Zweisitzer mit meterhohen Rädern, einem 13,0-Liter-Motor und Kettenantrieb. Im Hintergrund stand ein halb restauriertes Vehikel ähnlicher Abmessungen. Gawor setzte voraus, dass ich das Auto ebenso wie seine Yacht erkannte. Es war ein Thomas Flyer Model K, angeblich der Siegerwagen vom Rennen New York–Paris 1908 – den Scott Bailey, wie weiter vorn erzählt, aufgefunden hatte. Aber der Wagen stehe doch als Exponat im Harrah-Museum in Reno, Nevada, bemerkte ich; dort hatte ich ihn schließlich selbst gesehen. »Man kann darüber streiten, ob nun der Wagen in Reno der Siegerwagen ist oder meiner hier«, erklärte Gawor. »Tatsache ist, dass das Originalfahrzeug, nachdem Bill Harrah es gekauft hatte, zerlegt wurde und in seinen Zustand von 1908 versetzt werden sollte. Wie die Amerikaner nun einmal sind, schmissen sie alle abgenutzten und defekten Teile in einen Container und ersetzten sie durch nachgefertigte. Auf diese Weise wurde der Thomas Flyer mit gut 50 Prozent Neumaterial aufgebaut. Bei oberflächlicher Betrachtung ist das nicht zu erkennen, schon gar nicht in einer Museumshalle mit schwacher Beleuchtung. Vor 20 Jahren habe ich den zum Glück noch nicht entsorgten Container mit den ausgesonderten Teilen kaufen können. Auf einer Auktion erwarb ich außerdem Hunderte von Original-Glasnegativen jenes Fotografen, der 1908 zur Crew des Wagens gehörte und der sämtliche Defekte und die Reparaturen, die unterwegs vorgenommen wurden, fotografiert hatte. Ich war also imstande, den Thomas Flyer mit vielen seiner Originalteile aufzubauen, selbst wenn sie beschädigt waren. Mir lag ja nicht wie Harrah daran, ein wie neu aussehendes Fahrzeug wiederherzustellen, sondern den authentischen Rennwagen, wie er – lahmend und ächzend, aber als Sieger – nach mehr als 21 000 Kilometern damals das Ziel erreichte.

Natürlich habe auch ich Teile neu anfertigen lassen müssen, denn in meinem Container befand sich ja nur das, was die Leute bei Harrah weggeworfen hatten. Bill war zwar im Besitz des Chassis, ich aber habe den Motor, die Antriebselemente, die Räder, den Kühler, fast das gesamte Zubehör, und alles ungeschönt im Zustand von 1908.«

Er kam nicht mehr dazu, den Wagen zu komplettieren; ein Herzinfarkt riss ihn aus seinen ehrgeizigen Plänen. Wie gern hätte ich auch noch etwas mehr über seine große Yacht erfahren; viele gemeinsame Interview-Abende hätte es geben können. Was aus Gawors Autosammlung geworden ist, haben selbst die »üblichen Verdächtigen« bisher nicht herausbekommen können.

Nischenpaule
Gustav Hahnemann

Titelauto mit verdrehtem
BMW-Emblem ...

Als ich das erste Mal mit ihm zusammengeriet, war er noch nicht als »Nischenpaule« bekannt. Aber gefürchtet als jemand, der kräftige Schläge auszuteilen verstand, verbal zumindest. Er war ein glänzender Rhetoriker insoweit, als er die meisten Regeln geschliffener Rhetorik ignorierte und gerade deshalb seine Zuhörer zu faszinieren vermochte, auf seine Art halt. Und Zuhörer fand er immer und überall.

Paul G. Hahnemann

Von Autos verstehe er nichts, behauptete Paul G. Hahnemann einmal in einem Interview, aber er wisse genau, wie sie auszusehen hätten, um verkäuflich zu sein. »Unser Paul« hieß er in der BMW-Stylingabteilung, die er jeden zweiten Tag aufsuchte, und als »Nischen-Paule« ging er in die Unternehmensgeschichte der Bayerischen Motoren Werke ein. Paul Gustav Hahnemann, Diktatzeichen PGH, Jahrgang 1912, der angeblich von Autos nichts verstand, verhalf der Marke BMW nicht nur zu ihren bis dato größten Erfolgen – er gehört zu jenen, denen es zu verdanken ist, dass sie heute überhaupt noch existiert.

Hahnemann besaß einen messerscharfen, analytischen Verstand, der intuitives Handeln ausschloss, gepaart mit Überzeugungskraft. Und er besaß den Mut, unbequeme Wahrheiten auszusprechen – wie nur wenige seiner Kollegen in den oberen BMW-Etagen. Er verfügte über die Fähigkeit, mit undiplomatischer Rücksichtslosigkeit seine Vorstellungen von Falsch und Richtig durchzusetzen. Mit dem gebürtigen Elsässer »irgendwie« zurecht kommen, war nicht möglich. Entweder man entschied sich, auf seiner Seite zu sein, oder man befand sich im Lager derer, die gegen ihn arbeiteten. Dieses Lager war eines Tages froh, den nicht immer sehr bequemen Kritiker, Widersacher und Antreiber loszuwerden. Dabei war er ein Mann mit einem weichen Herzen, durchaus kein Hardliner wie etwa ein Bilderbuch-Manager amerikanischer Prägung. Er bevorzugte es, seine Sentimentalität durch

Grobheiten zu kaschieren. Viele seiner Geschäftsverbindungen, so nützlich sie für ihn und die von ihm mitgeleiteten Unternehmen waren, basierten auf Freundschaften. In fast allen seinen Wesenszügen, in seinem Verhalten und in seinen Umgangsformen mit Mitarbeitern kontrastierte er beispielsweise zu einem Eberhard von Kuenheim, BMW-Vorstandschef von 1970 bis 1990 – und dessen (ost)preußischer, von militärisch-disziplinierter Distanz gekennzeichneter Führungsstil ließ für einen in vieler Hinsicht unbequemen Stellvertreter wie Hahnemann auf Dauer keinen Platz im 14. Stock des neuen Vierzylinder-Hochhauses am Münchner Petuelring. Ein Bau, der ebenfalls durch Hahnemanns intensive Fürsprache entstanden war. Wie auch die Akquisition des Werkes Dingolfing, heute einer der Vorzeige-Betriebe der BMW Group, durch Hahnemann zustande kam.

Mit welchen Bandagen im Automobilgeschäft gekämpft werden musste, um vom Wettbewerb nicht an die Wand gedrückt zu werden, hatte Hahnemann von den Amerikanern gelernt – wie sein einstiger Kollege und späterer VW-Chef Heinrich Nordhoff. Beide hatten vor dem Krieg für die General-Motors-Tochter Opel gearbeitet und erfahren, was man unter amerikanischen Verkaufsmethoden verstand: die Emotionalisierung rationaler Entscheidungen. Hahnemann gehörte zu den ersten, die in der deutschen Automobilwirtschaft moderne Marketing-Strategien einführten, wie man sie in Detroit schon in den Dreißigerjahren praktiziert hatte. Hahnemann machte kein Hehl daraus, gute Verbindungen zu Franz-Josef Strauß zu haben, seit seiner Zeit als Verkaufsleiter bei der Auto Union. Er hatte es zuwege gebracht, den damaligen Verteidigungsminister zu überzeugen, dass die Bundeswehr ein Fahrzeug wie den DKW Munga brauchte ...

Als das Militärauto mit der blauen Auspuff-Fahne ab 1958 in profitable Stückzahlen gekommen war, bewies Nischen-Paule zum ersten Mal, dass er diesem Spitznamen – wenngleich er ihn auch erst einige Jahre später erhielt – gerecht wurde. Hahnemann war es nämlich, der dem Allradwagen in einer Version mit längerem Radstand das Tor zum Zivilmarkt öffnete. Eine kleine, aber unbesetzte Nische, wie sie der Land Rover auf den Efta-Märkten (Großbritannien, Schweiz, Österreich, Spanien) zu besetzen begann. Hahnemanns erstes Nischen-Automobil erhielt jetzt am Bug das Signet der vier Auto Union-Ringe (erstmals übrigens ohne den waagerechten Schriftbalken in ihrer Mitte) und den eingängigen Namen »Munga«, Abkürzung für Mehrzweck-Universal-Gelände-Allradwagen. Die anfängliche Bezeichnung VZ 1000 ließ man schnell wieder fallen.

Eines der durch Hahnemanns Engagement legendär gewordenen

»Nischenautos« war der BMW 02, basierend auf der Konzeption des BMW 1500, ein Auto der damals sogenannten Neuen Klasse, und deren Realisierung vollzog sich in einem langwierigen Prozess. Als Hahnemann zu BMW kam, war das Modell 115, wie der 1500 alias Neue Klasse intern hieß, schon so gut wie serienreif; zumindest machte er auf die Besucher der 1961er IAA diesen Eindruck. Diesen neuen BMW zu vermarkten, betrachtete Hahnemann als eine gewaltige, aber auch reizvolle Herausforderung. Vom Erfolg dieses Jobs hing die Überlebenschance der Marke BMW ab. Die erfolgreiche 700er-Baureihe hatte den Weg frei gemacht, den Hahnemanns Team quasi zu asphaltieren hatte. Der 1500, seine Derivate und die 02-Reihe wurden dank Hahnemanns Marketingstrategie zu Bestsellern.

Paul G. Hahnemann hatte Volkswirtschaft und Maschinenbau in Karlsruhe, Berlin, München und Heidelberg studiert, bevor er 1937 als Trainee nach Detroit ging und sich bei General Motors mit dem Automobil-Produktionsmanagement vertraut machte. 1939 kam er nach Deutschland zurück, absolvierte seinen Militärdienst bei der Marine und fand 1948 eine Anstellung bei Opel. 1957 wurde Hahnemann Verkaufsdirektor der Auto Union in Düsseldorf und richtete dort das Ressort Marketing ein. Nach dem Umzug der Auto Union-Hauptverwaltung nach Ingolstadt 1961 wechselte er zu BMW.

PGH war ich 1960 in Düsseldorf zum ersten Mal begegnet. Bis ich mich an seinen Umgangston gewöhnt hatte, waren mir die obligaten Aufwartungen als »Kreativer« der Webeagentur Heye bei ihm mehr als unangenehm. Später gewöhnte ich mich an seine Art einer Konversations-Eröffnung. Ich erinnere mich gut an den ersten Besuch bei ihm. Spöttisch und zugleich wütend schmetterte er meine Anzeigen-Entwürfe für den Munga ab: »Mit einem solchen Mist kommen Sie zu mir? Wer sind Sie denn überhaupt, dass man Sie vorgelassen hat, Sie Säckl? Richten Sie Ihrem Chef aus, er soll selber kommen und mir keine inkompetenten Schwachköpfe schicken.« Dabei waren meine Entwürfe bisher gewiss nicht schlecht gewesen und meist auch ausgeführt worden. PGH war halt ein Poltergeist. Ex-Korvettenkapitän Heye erwies unserem Auftraggeber Nummer Eins natürlich so gut wie jeden Gefallen, schon aus alter Marine-Verbundenheit.

Ein zweites Mal bekam ich Ärger mit Hahnemann, als er für BMW tätig war und die Heye-Werbeagentur ebenfalls. PGH hatte die jüngste Ausgabe eines der BMW-Journale auf den Tisch bekommen, für die ich das Titelfoto oberhalb des Spitzingsees mit einem blaugrünen BMW 1800 gemacht hatte. Was mir und anderen entgangen war, entdeckte Hahnemann auf den ersten Blick: die BMW-Plakette auf der Motorhaube des fotografierten Wagens

war um 90 Grad verdreht – ein Montagefehler vom Band. Seinen Zornausbruch werde ich nie vergessen. Er tobte und belegte alle Agenturmitarbeiter mit nicht druckfähigen Bezeichnungen; nur mit Mühe vermochte ihn Friedrich-Wilhelm Heye davon abzuhalten, die gesamte Auflage des Magazins einstampfen zu lassen. Der wirksame, aber vor allem konsequente Markenauftritt war ihm wichtiger als vieles andere. Kaum jemand, der das Heft in die Hand bekam, dürfte das verdrehte BMW-Emblem auf dem Titelblatt-Auto bemerkt haben, für Hahnemann aber bedeutete es eine Katastrophe …
Der Testwagen mit dem kosmetischen Makel hätte das Werksgelände so auf keinen Fall verlassen dürfen! Seither achtete ich bei jedem mir anvertrauten BMW-Presse- oder Fotofahrzeug sehr genau darauf, ob auch alle Plaketten korrekt befestigt waren. Noch einen Eklat mit Hahnemann wollte ich mir nicht leisten.

Ende 1971 verabschiedete sich Hahnemann von BMW, wurde zum erfolgreichen Sanierer des Büromöbelherstellers Pohlschröder und danach Importeur für asiatische Pharmazeutika. 1997 starb er in München. Seine Hinterlassenschaft umfasste unter anderem 150 Paar Schuhe. Bei unserem letzten Zusammentreffen waren wir Duzfreunde geworden.

Ein in Zürich gebürtiger pensionierter Industriemanager mit Vornamen Bob hat in einem 2013 in den USA erschienenen Buch Hahnemann kriminelle Machenschaften, Bestechlichkeit und Veruntreuung von BMW-Firmengeldern in Millionenhöhe vorgeworfen und »eine Münchner Werbeagentur« (womit nur die meines damaligen Partners Heye gemeint sein kann) als ebenso korrupt bezeichnet. Der Autor stützt seine schwerwiegenden Behauptungen auf böse Gerüchte, die von Hahnemann-Gegnern – und die gab es durchaus – Ende 1971 in die Welt gesetzt, jedoch längst als gegenstandslos, weil unwahr, entkräftet wurden. Da PGH sich gegen einen solchen Angriff nicht mehr wehren kann, tat der Autor (der nie mit ihm zu tun hatte) sich leicht, ihn zu verleumden. Bob, what's your problem? Bequem hat Hahnemann es niemandem gemacht, und sicher war ich nicht der Einzige, den er mit »Sie Säckl!« tituliert hat – aber ihm posthum den Makel der Unehrenhaftigkeit anzuhängen, halte ich nicht für die feine schweizerische Art.

Niemand weiß alles

Manche wissen vieles, viele wissen manches. Niemand weiß alles, und manche wissen alles besser. Den Beweis für diese These traten in meiner Gegenwart zwei recht junge Backpack-Amerikaner an (vielleicht waren es auch Australier oder Neuseeländer oder Südafrikaner; Queens English reden sie alle nicht), die jene Autos besichtigten, die das Auktionshaus Christie's im März 1974 vor dem Grand Palais in der Innenstadt von Genf aufgestellt hatte. Sie befanden sich in einem Zeltbau und sollten dort versteigert werden.

Einige sehr seltene Klassiker befanden sich unter den Fahrzeugen, zu denen der Historiker und Christie's-Berater Michael Sedgwick seine fachlich fundierten Einschätzungen abgab. So auch zu einem Isotta Fraschini von 1931, der zu den schönsten und wertvollsten Autos der Kollektion gehörte. Nun trug ausgerechnet dieses Auto am Kühler eine Plakette, die nicht den vollen Namen der Marke wiedergab, wie es bei den meisten Isotta Fraschini der Fall ist, sondern ein Label, das nur die Buchstaben IF zeigte. Das führte zu einem Ratespiel bei einem der beiden Bewunderer, die Michael Sedgwicks Vortrag wohl nicht mitbekommen hatten. Sagte der eine Jüngling zu seinem Kumpel: »Hey, chap, that's a real mystery … What d'you think – does IF stand for Italia Figoni or for International Ferguson?«

Etwas Ahnung schien er ja offenbar zu haben. Aber wie gesagt: Niemand weiß alles. Dafür punktete sein »chap« weise lächelnd und mit Kennermine, ohne sich die Kühlerplakette überhaupt nur anzuschauen, im nämlichen Idiom: »Are you kidding, buddy? IF stands for Isetta-Ferrari!«

Manche wissen wohl doch alles. Man muss ihnen nur begegnen, um sie fragen zu können.

LIEBER LESER, LIEBE LESERIN,

da die Seiten in diesem Buch gleich zu Ende sind, schalte ich hier die Zündung aus, ziehe den Schlüssel ab und arretiere die Handbremse. Gern dürfen Sie noch ein Weilchen sitzen bleiben und einen Blick in den Rückspiegel werfen, während ich mich schon mal ins Haus begebe und bei einem Glas Roche Mazet aus dem Pays d'Oc mich zum wiederholten Mal der Lektüre des von David Scott-Moncrieff (Bunty) 1948 veröffentlichten Buches »Escape from Peace« widme. Ich verrate Ihnen nicht, wovon es handelt, nur so viel: Es gehört zu den besten vier Büchern, die Bunty geschrieben hat (und das waren nur vier).

Falls es Sie interessiert: Am 24. Februar 1935 wurde ich in Braunschweig geboren. Von meinem fünften bis zum 21. Lebensjahr war ich in Berlin zuhause. Nach Stationen in Hamburg, Frankfurt am Main, Düsseldorf und München übersiedelte ich 1988 mit Frau und Tochter in die Lüneburger Heide. In der gemeinsamen Werbe- und PR-Abteilung zweier großen Hamburger Verlagshäuser (»Der Spiegel«, »Constanze«) lernte ich nach einem Kunstgeschichte- und Grafik-Studium das journalistische Handwerk, war 1959 Mitgründer der Werbeagentur Friedrich W. Heye und arbeitete in der Zeit von 1961 bis 1974 als fest bestallter Redakteur und Autor im Maritim-, Motor-, Lifestyle- und Touristikbereich.

Neben meiner Arbeit in einem eigenen Verlag für Automobil-Fachliteratur, den meine Ehefrau Mila und ich 1973 gründeten, hatte ich das Vergnügen, 1975 bis 1985 Herausgeber des ersten deutschen, nicht clubgebundenen Magazins für klassische Fahrzeuge (»Automobil Chronik«) zu sein; ich schrieb viele Bücher, übersetzte etliche vom Englischen ins Deutsche und beriet eine Reihe von Verlagshäusern in deren automobilhistorischen Projekten.

Die verlegerischen Aktivitäten unseres Unternehmens – das in München ein Ladengeschäft und eine Versandbuchhandlung betrieb sowie Fachverlage aus den USA, Großbritannien und Frankreich vertrat – überantworteten wir 1995 einem Verlag in Stuttgart. Erfolgreiche Kooperationen ergaben sich auch mit anderen Verlagshäusern inner- und außerhalb Deutschlands.

Nicht nur wunderbaren Autos, sondern auch vielen meiner Freunde, Kollegen und anderen Zeitgenossen sind Sie in diesem Buch begegnet – Menschen, die mit ihrem vollen Namen zu nennen ich mir keine Zurückhaltung auferlegte. Ich kann mir nicht vorstellen, dass den Lebenden unter ihnen daraus Nachteile erwachsen – materielle schon gar nicht, und wenn doch, dann bitte ich sie hiermit vorsorglich um Vergebung.

Mag sein, dass ich mich hier und da einmal im Datum geirrt habe oder trotz intensiven Nachdenkens und -forschens zwei Sachverhalte durcheinander brachte. Vielleicht ist das von nicht allzu großer Bedeutung, doch ich freue mich über jede Zuschrift, mit der ein Leser oder eine Leserin zur Korrektur einer irrtümlichen Geschichtsverdrehung beiträgt.

Hösseringen, zu Jahresbeginn 2015

Autos mit Emotionsfaktor: Schraders virtuelle Privatgarage

Vom 1. April bis 17. Juli 1902 unternahm der deutsche Literat und Publizist Otto Julius Bierbaum, 37 Jahre alt, mit einem Phaeton der Marke Adler eine Reise von Berlin hinunter zum Golf von Neapel, über die im Jahr darauf ein Buch erschien. Dessen Inhalt besteht aus Briefen, die er an Freunde daheim schrieb (und die er gebeten hatte, die Briefe aufzuheben, damit sie als Vorlagen zu seinem Manuskript dienen konnten).

In seinem Nachwort führt der Autor aus: »Ich bringe die Schilderung meiner Reise vor die Öffentlichkeit, weil sie gelungen ist, und zwar gelungen nicht mit einem der Millionärsvehikel, die nur Portemonnaiegranden erschwinglich sind, sondern mit einem leichten, billigen Wagen. Für mich wäre er freilich immer noch zu teuer gewesen, und so will ich, um mich keiner Vorspiegelung falscher Tatsachen schuldig zu machen, und um gleichzeitig gebührenden Dank auszusprechen, zum Schlusse nicht verhehlen, dass ich die Möglichkeit, diesen angenehmen Versuch zu machen, nicht meinen Einkünften als deutscher Dichter, sondern der Freundlichkeit des Verlags August Scherl verdanke, der mir den Wagen für die Dauer der Reise zur Verfügung gestellt hat.«

Für die damalige Zeit war es eine ungewöhnliche Reise, die anzutreten viel Wagemut und Sportsgeist voraussetzte. Zu Bierbaums Stationen zählten München, Wien, Venedig, Rimini, Florenz, Siena, Perugia, Neapel, Sorrent, Rom und Mailand. In seinen Briefen schilderte er mit viel Humor seine Reiseerlebnisse. Gut drei und einen halben Monat waren der Dichter und seine Ehefrau im 8-PS-Adler unterwegs. Der Wagen hatte einen De-Dion-Einzylindermotor mit 865 cm^3 Hubraum, und schneller als mit 35 km/h dürften die beiden auf den damals weitgehend unbefestigten Landstraßen kaum vorangekommen sein. Allabendlich ließ Bierbaum im Gasthof seine Eindrücke des Tages Revue passieren und schrieb sie geistreich, mitunter auch tiefgründig und die Alltagsprobleme der Italiener schildernd, nieder.

Herr Bierbaum war des Lobes voll über die guten Eigenschaften seines ihm beziehungsweise seinem Verleger von Heinrich Kleyers Fahrrad- und Automobilfabrik leihweise überlassenen Adler. Die Kleyermänner – erst seit knapp zwei Jahren im Automobilgeschäft – hatten so etwas auch erwartet, wie das bei Leihgebern von Testwagen noch heute so ist. Bierbaum wurde zum leidenschaftlichen Adler-Fan; viele Vergleichsmöglichkeiten mit anderen Autos hatte er aber auch nicht.

Welche Faktoren machen die Summe einer Leidenschaft aus, wenn es um die Definition unseres Lieblingsautos schlechthin geht und wir keine Italienreise auf staubigen Chausseen zum Maßstab nehmen? Breit angelegte Diskussionen um diese Frage wollen wir lieber nicht in Gang setzen, denn sie führen ins Unendliche, und jeder Disputant kommt sowieso zu einer anderen Antwort.

Emotion, so behaupte ich, steht an erster Stelle. Zu ihr gehören tradierte Markenpräferenzen, eindrückliche Erlebnisse à la Bierbaum und allerlei Irrationalitäten. Weitgehend subjektive Einschätzungen hinsichtlich Standard der Technik, Komfort, Fahrverhalten folgen an nächster Stelle. Dann kommen eine ganze Menge weiterer Punkte, irgendwann ruft am gedachten runden Tisch auch jemand »Ratio!« dazwischen. Und streichelt dabei in Gedanken zärtlich seinen vom Rost dekorativ perforierten Renault 4 oder seinen wirklich aus nur ganz rationalen Erwägungen gekauften Dacia Logan, Fiat Panda, Land Rover oder Nissan Micra. Ach ja, die sogenannte Vernunft ... Wenn es allein nach der ginge, hätte es dann je eines Dodge Viper, eines Rolls-Royce Phantom, eines Messerschmitt Kabinenrollers, eines Ferrari F40, eines Opel Manta, eines Facel Vega Excellence, eines DKW AU 1000 SP, eines BMW X5 oder eines Renault Vel Satis bedurft?

Ungeachtet aller in subjektiver oder auch vorgeblich objektiver Betrachtungsweise geäußerten Argumente, die gegen oder für das Sympathisieren mit einem bestimmten Auto sprechen, versteige ich mich zu der Behauptung, dass es aus den Abertausenden von auch in meinen Augen liebenswerten, achtenswerten, sammelnswerten, streichelnswerten Automodellen ein Dutzend gibt, denen ich die höchste Punktezahl zuerkennen würde – ohne diese Autos in eine Rangfolge zu setzen – nach einem nur mir und vielleicht von niemand anderem nachvollziehbaren Privatsystem ... Wie gesagt: Emotion steht an erster Stelle. Mit nur zwei Ausnahmen habe ich übrigens keinen der nachfolgend genannten zwölf Meilensteine je besessen, wohl aber ausgiebig zu fahren Gelegenheit gehabt. Für ein zweites Dutzend kämen dann durchaus ein paar meiner ex-Besitztümer in Frage, aber auch ganz andere Objekte, die meinen Puls jederzeit beschleunigen könnten. Wenden wir uns zunächst jenen zwölf zu, von denen ich meine, die sollten auch Sie unbedingt einmal näher kennen gelernt haben.

Vergnügen auf allen Vieren

Auch die so rational-nüchtern konzipierten Audis der 1970er-Jahre, so erkannten Marketing-Strategen, bedurften auf Dauer einer emotionalen Flankierung. Die vermochte nur der Motorsport zu bringen. Und der Einstieg der Marke Audi in die Rallyeszene vollzog sich geradezu sensationell – mit einem allradgetriebenen Coupé namens quattro. Der vom Porsche-Enkel Ferdinand Piëch konstruierte Wagen war nicht der erste 4x4 des VW-Konzerns: Davor hatte es den VW Iltis gegeben, der aber bekanntlich ein Militärfahrzeug war.

Der 1980er Ur-quattro, wie er heute genannt wird, basierte weitgehend auf dem Audi 80, war aber ein schuhkarton-kantiges Schrägheck-Coupé. Im Rallyesport machte er auf Anhieb Furore und gewann jede Menge Meisterschaften. Es dauerte nicht lange, und andere Hersteller traten ebenfalls mit Allradcoupés an. Der Audi quattro blieb nicht nur ein Wettbewerbswagen für Rallyefahrer: Es gab ihn schon bald als (hübscher geformtes) Straßenfahrzeug, dessen Qualitäten durchweg überzeugten. Ich nahm damals die Gelegenheit wahr, jedes neue Audi-Modell als Testwagen so um die 500 bis 1000 oder auch mehr Kilometer zu bewegen, vor allem auf Bergstrecken, also kam auch das Coupé namens quattro mal dran. Ich ging mit ihm bestimmt nicht so virtuos um wie die Rallye-Queen Michèle Mouton (ihr Spitzname ist Shelly, und sie war die erste Frau, die bei einem Rallye-Weltmeisterschaftslauf den Gesamtsieg errang, als sie 1981 die Rallye San Remo auf einem Audi quattro gewann – und die mit einem solchen Auto den Pikes Peak in einer bislang nicht unterbotenen Rekordzeit erklomm) oder wie ein Walter Röhrl, doch weil mir der allradgetriebene 2,1-Liter-Fünfzylinder mit Turbolader gerade auf Passstraßen so viel Freude bereitet hatte, fiel mir der

Entschluss leicht, mir im Jahre 1999 ein Audi TT quattro Coupé zu bestellen (ich meine als Kauf-, nicht als Leihobjekt). Den 180 PS starken Wagen habe ich seither auf einen Kilometerstand von knapp 260 000 gebracht und die Anschaffung keinen Tag bereut, auch nicht, als bei Halbzeit ein Totalausfall der gesamten Elektrik plus Elektronik mich für acht Tage immobil werden ließ ... Der Wagen ist auch ein Gepäckraumwunder, vermittelt so etwas wie Porsche-Feeling, ist ergonomisch perfekt, hat eine miserable Dreiviertelsicht nach hinten, verfügt über eine superbe Getriebeabstufung und lässt sich, wenn man vernünftig fährt, mit acht Liter Super pro 100 Kilometer abspeisen. Die Nachfolgemodelle gefallen mir nicht ganz so gut – sie haben einiges von Peter Schreyers Design-Authentizität eingebüßt.

Hauptsache,
die Straße ist eben

Meine Begeisterung für den »Big Healey« resultiert aus einem längeren Aufenthalt bei Paul Foulkes-Halbard in Crowborough im Jahre 1969, wo ich hinlänglich Gelegenheit hatte, seinen silberblauen Roadster einige Male intensiv herzunehmen. »Geh mit dem Gaspedal vorsichtig um«, sagte Paul, »er ist schnell, and you mustn't brake the law ...« Gelegentlich kamen seine Kinder Karl und Ingrid an Bord, wobei sich das Mädchen samt Einkaufstüten in den Fond kauern musste – etwas anderes hätte die kleine Lady auch gar nicht erwartet –, während ihr jüngerer Bruder Karl neben mir den klugen Copiloten spielen durfte.

Der erste große Austin-Healey war ein 2,6-Liter-Vierzylinder gewesen, doch Mitte der 1950er Jahre waren die Ansprüche an britische Sportwagen gestiegen, vor allem auf dem Exportmarkt USA. Zudem wurde die Herstellung des 2,6-Liter-Motors bei Austin beendet. Einige Versuchsfahrzeuge, 100-Six BN3 genannt, stattete man daraufhin mit einer leistungsgesteigerten Version des BMC-Sechszylindermotors aus, ehe mit diesem ein überarbeiteter Austin-Healey als Modell BN4 1956 in Serie ging. Der neue Motor hatte 2639 cm³ Hubraum und leistete 102 PS, und der Radstand des Wagens hatte geringfügig zugenommen. Dadurch ließen sich zwei Notsitze im Fond installieren. Dessen Nachfolger war der 100-Six BN6. Dieses Auto begründete den Rallye-Ruhm der Marke Austin-Healey,

Von allen Big Healeys ist das von 1959 bis 1968 gebaute Modell 3000 das berühmteste. Es entstand als Weiterentwicklung des 100-Six, zugleich erhielt der Wagen vorn Scheibenbremsen. Der AH 3000 war ab 1959 in zwei

Versionen zu bekommen, als BN7 sowie als 2+2 BT7, der sich größeren Zuspruchs erfreute. Ein solches Auto Baujahr 1961 war es, das mir Freund Paul anvertraute und mit dem ich so gern grund- und zwecklos, aber mit unglaublich viel Spaß an der Freud' durch Sussex eilte, wobei die etwas zu weich geratene Federung (von Paule eigenhändig modifiziert) und die tiefe Lage des Sportwagens schon mal zu Bodenberührungen zumindest mit dem Schalldämpfer führten. Also galt es, bucklige Feldwege zu meiden … Keinen Moment lang trat ein Gefühl der Unsicherheit ein, stets gab es genügend Reserven, wenn ein Überholmanöver knapp zu werden schien, und der Sound des Sechszylinders war ein Ohrenschmaus. Ich hätte mich an den Big Healey gewöhnen können – zum Glück gab Paule ihn nicht her, und ich war mit obskuren Vehikeln der unterschiedlichsten Art ja bereits reichlich versorgt.

Der nobelste Lastwagen der Welt

Den Kompressor-Bentley von 1930 möchte ich als einen Wagen bezeichnen, der mir großen Respekt eingeflößt hat. Der schwere Supercharger auf der Vorderachse, die vehemente und sehr vernehmliche Leistungsentfaltung des aufgeladenen Vierzylinders, die verdammt schwergängige Schaltung mit einem tief unten rechts im Cockpit befindlichen Kurzhebel und eine Lenkung mit etwas zu viel Spiel erforderten volle Konzentration, vor allem auf schlaglochdurchsetzten country lanes in Cheshire. Zu meinem Glück übernahm es Richard Charlesworth, den Boliden ins Werk zurückzufahren, wo wir gestartet waren. Die Bentley Boys vergangener Jahrzehnte mussten viel mehr körperliche Kraft als ein heutiger Le-Mans-Pilot aufwenden, um 24 Stunden am Lenkrad solcher Boliden durchzuhalten, bei wesentlich geringerem Komfort im Cockpit und an den Boxen, wo sie bei Reparaturen und auch beim Räderwechsel selbst Hand anlegen mussten. Aber Gegenstand meiner Aussage sollen ja nicht solche britisch-grünen Athleteninstrumente aus der Vintage-Ära sein, von welchen Ettore Bugatti gespottet hat, sie seien eigentlich Lastwagen. Aber, das musste er einräumen: die schnellsten der Welt!

Die kurze, aber anstrengende Fahrt am Lenkrad des Blower Bentley fand im Jahre 2000 anlässlich eines Werksbesuches in Crewe statt; zu Bentley pflegte ich gute Kontakte. Für diese war eine junge Dame namens Annette Koch zuständig, der die Betreuung deutscher Journalisten oblag, und durch sie bekam ich auch jene Einladung nach Paris zur Vorstellung des neuen Bentley Arnage, ein Event, der mir in guter Erinnerung geblieben ist. Die

Einladung umfasste neben einem Cocktailempfang im Garten der Britischen Botschaft die Fahrt zu einem weit entfernten Château auf dem Lande. Wie hätte ich es ablehnen können, mit einer liebenswürdigen (und obendrein autonärrischen) Begleiterin auf dem Nebensitz einen Bentley Arnage Red Label an einem Sommerabend von Paris irgendwohin in die französische Provinz zu fahren? Zweikommafünf Tonnen Britishness auf achtzehnzölligen Breitpirellis, bewegt von einem 6,4-Liter-Turbomotor mit 835 Newtonmetern Vortrieb ...

Ich hatte früher schon gelegentlich Bentley Limousinen bewegt, unter anderem Uwe Huckes T-Modell von 1973. Der neue Arnage aber ließ sich mit keinem Luxusauto ähnlichen Kalibers vergleichen, auch nicht mit dem Rolls-Royce Silver Seraph. Es war wie ein sanftes Schweben über, nicht Rollen auf der Straße; es gab nichts, was man nach dem Motorstart zu tun hatte, außer in die gewünschte Richtung lenken und auf gebührenden Seitenabstand zu anderen Autos zu achten ... Und wenn man wie ich ein Navigationssystem live namens Annette (mit freundlich-dominanter Stimme) zur Rechten an Bord hatte, die kein einziges Mal die Straßenkarte verkehrt herum hielt – so etwas ist vertrauensbildend.

Ein Bentley war immer der etwas vornehmere Rolls-Royce, als beide Marken noch vereint waren, doch seitdem ich den 457-pferdigen Arnage gefahren habe (der jetzt in VW-Regie produziert wurde), neige ich der Ansicht zu: Wenn es einen automobilen Superlativ gibt, fängt er mit Bent an und hört mit ley auf. Seine Tonnage betreffend, ist auch der Arnage als ein Lastwagen zu bezeichnen. Indes, es ist der nobelste, den es wohl je gab.

Favorit der weiß-blauen Avantgarde

Noch während ich diese Zeilen schreibe, bin ich mit mir uneins, ob ich mir in meine virtuelle, zwölf Autos fassende Garage einen silberfarbenen BMW 635 CSi, einen roten BMW M535i oder einen blassblauen BMW 850i stellen soll – davon ausgehend, dass für alle drei kein Platz wäre.

Der 6er BMW ist ganz sicher eines der besten Straßensportcoupés seiner Zeit gewesen, ich jedenfalls war von jeder Variante dieser Baureihe begeistert. Aber dann gab es da ja auch den M535i …

In der Regie der BMW Motorsport GmbH entstanden nicht nur Fahrzeuge für den Wettbewerb, sondern auch Spezialausführungen von Serienmodellen, die vor die Typenbezeichnung jeweils ein M erhielten – »der stärkste Buchstabe der Welt«, wie die Werbung verhieß. Der erste Wagen, der diese Sonderbehandlung in größerer Serie genoss, war der BMW M535i von 1979. Man sah ihm seine Qualitäten auf den ersten Blick nicht an; hier hatte man es mit einem der berühmten Wölfe im Schafspelz zu tun. Auch viele (nicht alle) spätere M-Modelle pflegten diese Art von Understatement.

Der M535i war eine viertürige Limousine der 1972 eingeführten 5er-Reihe und wurde im April 1980 ins Programm aufgenommen. Ein kräftigeres Fahrwerk mit Bilstein-Sportstoßdämpfern und innenbelüfteten Scheibenbremsen, Recaro-Sitze und ein M1-Lenkrad, ein signifikanter Frontspoiler sowie ein auf 218 PS getrimmter Sechszylindermotor mit Bosch-L-Jetronic waren seine Besonderheiten. Den gleichen Motor bekam der ab 1984 gebaute BMW M635 CSi, jedoch von 218 auf 286 PS gebracht.

Und dann der elegante, von Klaus Kapitza gezeichnete 850 Ci mit seinem Fünf-Liter-V12-Motor, der 1992 auf den Markt kam und bis Ende 1999 im Programm blieb. 300 flüsternde High-Tech-PS (380 im Modell 850 CSi), gut für 250 km/h, zu genießen in einem sportlich-feudalen Ledergestühl – ein Ambiente von außen bis innen, wie es nur noch ein Jaguar XJ-S vermitteln konnte. Und der damals leider unter dem Handicap litt, eben ein Brite zu sein mit der Erblast bestimmter englischer Krankheiten. Jeder BMW 8er gilt längst als Sammlerstück, und wer einen besitzt, trennt sich von ihm nur ungern. Eine Spur von Ersatzbehagen vermag allenfalls Nils Hamanns 2011 erschienenes Superbuch über dieses Auto zu vermitteln, dessen Lektüre ich nur denen nicht empfehle, die ihren 8er leichtfertigerweise verkauft haben – und beim Blättern bestimmt sehr traurig werden.

Hydraulik vom Feinsten

Dem Citroën D-Modell als Nachfolger des legendären 11 CV Traction Avant gehört meine besondere Sympathie; viele Versionen habe ich mit großem Behagen gefahren. Am besten gefiel mir der 130 PS starke, schnelle und sehr komfortabel ausgestattete DS 23 Pallas mit Lederinterieur, mit dem ich Strecken wie Paris–München in weniger als sieben stressfreien, geradezu erholsamen Stunden schaffte. Damals, in den frühen Siebzigerjahren, konnte man auf der linken Autobahnspur eine halbe Ewigkeit 150 stehen lassen, wenn nicht gerade ein Porsche im Rückspiegel oder vor einem ein linksradikaler Dieselbenz auftauchte. Ungewöhnlich waren damals das halbautomatisch schaltbare Fünfganggetriebe und der höhenverstellbare Fahrersitz. Das Absenken der Karosserie im Stand und das Hochstellen beim Starten sowie die Möglichkeit, bei schlechter Wegstrecke den Wagen sogar noch weiter aufzustelzen – das waren dank ingeniöser Hydraulik wunderschöne Gimmicks. Das hydropneumatische Federungssystem des Citroën stellte eine Kombination von kurzem Federweg und permanentem Niveauausgleich dar. Gleichzeitig waren etliche Aggregate an die Zentralhydraulik angeschlossen: Servolenkung, Bremsen mit Lastkraftverstellung und Schaltung samt Kupplung. In den als Stoßdämpfer fungierenden Kugeln federte die Hydraulikflüssigkeit gegen ein Stickstoffpolster. Das Gaspolster entsprach einer Stahlfeder im konventionellen Fahrwerksbau, die Dämpfung besorgte ein Ventil in der Hydraulikflüssigkeit. Eine vom Fahrzeugmotor betriebene Hochdruckpumpe setzte das System unter Druck.

Als die DS 19 1955 in Serie ging, war einzig der Rumpf seines Vierzylindermotors nicht neu. Es handelte sich nämlich um den 1911-cm³-Motor aus dem guten alten 11 CV, jetzt jedoch mit Aluminium-Querstromzylinderkopf versehen. Anfangs waren Sechszylinder-Boxermotoren für den DS 19 geplant gewesen, aus Kostengründen blieb es dann bei der Überarbeitung des bewährten Triebwerks aus dem Traction Avant. Einige Kinderkrankheiten wurden im Verlauf der ersten 24 Monate auskuriert, danach durchlief das D-Modell eine programmierte Evolution mit vielen Detailverbesserungen.

1965 stand ein neu konzipierter, auf 2175 cm³ Hubraum erweiterter Motor zur Verfügung, der aus dem DS 19 einen DS 21 machte, und 1972 ließ das Triebwerk mit 2357 cm³ den DS 23 entstehen. Bei allen Motoren handelte es sich nach wie vor um Vierzylinder mit hoher, seitlich im Block liegender Nockenwelle. Der DS 23 stellte das Nonplusultra der Baureihe dar. Im übrigen pflichte ich demjenigen bei, der einmal gesagt hat: »Der DS ist das Auto des kleinen Fingers und der dicken Zehe« und »es ist nicht das Auto der Zukunft, es ist nur das Auto von heute. Die anderen Autos sind – technisch gesehen – ein wenig von gestern.« Es war Alexander Spoerl, Sohn des Feuerzangenbowle-Autors Heinrich Spoerl. PS: Mir ist klar, dass es eigentlich »die DS« heißen muss. Nicht nur, weil es sich um französische Autos handelt, sondern weil eine Déesse, wie DS gesprochen wird, schließlich eine Göttin ist – eine sympathische obendrein.

Nie perfekt, aber hinreißend schön

Würde man mich auffordern, den faszinierendsten, legendärsten und in seiner Ästhetik überzeugendsten Sportwagen der Nachkriegszeit zu benennen, stünde der Jaguar E-Type an erster Stelle. Seine Produktion endete, nachdem die Hürden der Sicherheitsvorschriften in den Vereinigten Staaten – Hauptabnehmer der Produktion – 1974 extrem hochgeschraubt worden waren. Auf seinen Nachfolger, den F-Type, mussten Jaguar-Liebhaber bis zum Mai 2013 warten.

In Sachen Faszination können ein Jaguar SS 100 oder ein XK-Modell allemal mithalten, das steht außer Frage; sie sind Klassiker der höchsten Kategorie. Dennoch würde ich einem E-Type den Vorzug geben. Nicht etwa nur seiner hervorragenden Linien wegen – er brilliert auch mit mustergültigen Fahreigenschaften, und er ist sagenhaft schnell. Unter der langen Motorhaube, nach vorn aufschwenkbar, befand sich beim ersten Baumuster der bereits im XK 150S erprobte 3,8-Liter-Sechszylinder in dohc-Bauweise, und gut im Blick lag auch die Einzelradaufhängung an einer neuen Dreieckslenker-Konstruktion mit Schraubenfedern. Der gesamte Vorbau, der den Motor und das vordere Fahrwerk trug, saß in einem Hilfsrahmen. Der bis 1964 gebaute 3,8-Liter-Motor wurde von Kritikern mehr gelobt als der ihm nachfolgende 4,2-Liter, der dennoch in größerer Zahl produziert wurde und auch ein stärkeres Drehmoment aufwies. Der 4.2 Litre gilt heute als der beliebteste aller E-Types. Ein drittes Modell erschien 1966: Der 2+2 mit einem um 23 cm verlängerten Radstand. In seiner letzten Variante erschien der E-Type 1971 mit einem V12-Motor, ein Aggregat mit 5,4 Liter Hubraum und 272 PS, das Jaguar später auch im Rennsport großartige Erfolge einbrachte.

Die bis heute währende E-Type-Begeisterung hat Philip Porter in mir geweckt, als er mir die Gelegenheit gab, sein großartiges und bisher unerreichtes Standardwerk über die Geschichte dieser hinreißend schönen Jaguar-Ikone zu übersetzen. Kenner wissen natürlich, dass der E-Type niemals richtig perfekt war, und wer es mit seiner Passion ernst meinte, nahm zu irgendeinem Zeitpunkt sein Fahrzeug mal komplett auseinander und baute es nach gründlicher Revision wieder zusammen – mit mehr Sorgfalt und weniger Gewerkschaftsdruck im Nacken, der nicht nur den Managern in Coventry so manchen Spaß an ihrem Job vermieste. Eine effiziente Qualitätskontrolle wurde erst unter CEO John Egan eingeführt, der 1980, sechs Jahre nach dem E-Type-Produktionsende, Jaguar wieder zu einer Prestigemarke werden ließ – es aber ebenfalls nicht verhindern konnte, dass es in der Fertigung noch immer viele Schwachstellen gab. Erst nachdem Ende 1989 Jaguar unter die Regie der Ford Motor Company gekommen war (worüber viele Fans die Nase rümpften), besserte sich die Fertigungsqualität erheblich.

Es mag in diesem Zusammenhang unwichtig erscheinen, dass Jaguarfreund Philip Porter einer von nur vier Engländern ist, die über eine Zeppelin-Führer-Lizenz verfügen, dass er lange Zeit Präsident der Sherlock Holmes Society war und bei den jährlichen Detektiv-Festspielen am Rheinfall von Schaffhausen dort wiederholt den dramatischen Todessturz des Romanhelden zu absolvieren hatte. Jaguar-affine Menschen sind schon seltsame Typen, dear me!

Klassiker mit eingebautem Wertzuwachs

Mein Verhältnis zu Fahrzeugen der Marke Mercedes-Benz ist eher von Respekt denn von Passion gekennzeichnet. Aber 1987 im C 126 mit 300 Kat-losen PS unterwegs zu sein, ohne zum notorischen Linksfahrer zu werden, erforderte Disziplinierung. In Anbetracht der vielen technischen und aerodynamischen Innovationen des Fahrzeugs (maximale Sicherheitskriterien, Kunststoffstoßfänger wie beim W 201, versenkte Scheibenwischer) stellten die Fahrzeuge der Baureihe C 126 ein Mercedes-Nonplusultra dar. Nicht jedem gefiel das Coupé mit seiner glattflächigen, akzentlosen Karosserie (fast so geräumig wie ein Viertürer) und den bündigen Leichtmetallfelgen so wie mir. Sah so ein Premium-Modell aus? Inzwischen betrachten manche Stern-Liebhaber den C 126 als das harmonischste und formal gelungenste Mercedes-Benz-Modell aller Zeiten. Ich schließe mich ihnen an. Der C 126 hat das Zeug zum Klassiker mit eingebautem Wertzuwachs.

Bei dieser Gelegenheit ein Aperçu. Bevor 1991 sein Nachfolger, der etwas zu voluminöse W 140, eingeführt wurde, gab es in den Räumen des Werksmuseums Untertürkheim eine Vorstellung zur Vorab-Information, zu der man auch mich eingeladen hatte. Ich bewegte damals einen englischen Daimler made in Coventry, ein Testwagen der deutschen Jaguar-Repräsentanz in Kronberg.

»Wieso ließ man Sie mit einem Engländer aufs Werksgelände? Das ist doch wohl nicht Ihr eigenes Auto?«, fragte mich der Pressesprecher Peter Viererbl. Ich sagte, dass die traumhaft elegante Daimler-Limousine ein Testwagen von der deutschen Jaguar-Vertretung sei. »Und wie lange überlässt man Ihnen solch ein Auto?« Zwei Monate, log und prahlte ich. Darauf machte Viererbl auf dem Absatz kehrt, hieß mich mitkommen und wies seine Mitarbeiterin Marina Bernert an: »Bitte für Herrn Schrader eine S-Klasse reservieren, mindestens für acht Wochen, Termin nach seinen Wünschen. Wir müssen ihm die Gelegenheit geben herauszufinden, warum deutsche Premiumfahrzeuge besser als englische sind!«

Das Werksgelände hätte ich als Besucher mit dem Fremdfabrikat gar nicht so ohne weiteres befahren dürfen. In dieser Beziehung waren die Untertürkheimer damals ebenso eigen wie einst die NSU-Leute in Neckarsulm. Durch die Überrumpelung eines der Männer an der beschrankten Einfahrt war es mir dennoch gelungen. Auf der Einladung zu jenem Empfang stand nämlich der Hinweis, dass man mit dem Auto unmittelbar bis zum Privilegiertenparkplatz vor dem Museum fahren dürfe, sofern das Fahrzeug die »Marke des Hauses« sei. Ich zeigte beim Erreichen der Schranke meine Einladung, doch der weiße Balken erhob sich nicht, denn mein Auto war ja kein Mercedes. Ich müsse das Fahrzeug draußen auf dem Besucherparkplatz abstellen, beschied mich der freundliche Mann mit der Dienstmütze. Aber mit einem Daimler dürfe ich doch auf den Platz vor dem Museum, antwortete ich treuherzig. »Hanoh, des isch doch koiner«, meinte immer noch freundlich der Pförtner. Ich bat ihn daraufhin, sich einmal das Heck meines Autos zu betrachten. Tatsächlich verließ er seine Glasloge, ging um das Auto herum und entdeckte den Schriftzug »Daimler« am Heck der dunkelblauen Limousine – vorn am Kühler trugen diese Jaguar-Derivate keinen Markennamen, nur ein vornehm geschwungenes D.

Ich erhielt meinen Besucherschein, die Schranke hob sich und ich durfte passieren. Natürlich hatte es Peter Viererbl irritieren müssen, dass mein Auto das einzige Fremdfabrikat unter rund 50 Mercedes-Besucherfahrzeugen war. Und ein so auffallend nobles dazu.

LANCIA FLAMINIA 2.5 3C SUPERLEGGERA, 1960:

Bella macchina

Das Flaminia Coupé mit Leichtmetallkarosserie von Touring Milano gehört zu den schönsten Kreationen, die unter der Marke Lancia je entstanden sind, finde ich, und ich bin mir sicher, dass viele Autoliebhaber der gleichen Ansicht sind. Hätte man mir fürs gleiche Geld einen Ferrari angeboten – ich hätte mich dennoch für den Lancia entschieden. Mein erstes eigenes Auto übrigens, mit dem man mühelos 190 km/h erreichen konnte. Für 2500 Mark hatte ich das Coupé 1968 einem Herrn Anton Kammermayer abgekauft, davor hatte es dem Bundesliga-Fußballspieler Helmut Haller (im Topsegment war er von 1958 bis 1970 aktiv) gehört. Der 140 PS starke V6-Motor mit 2458 cm³ Hubraum und drei Weber-Vergasern reagierte von einer bestimmten Drehzahl an unerhört nervös, fast ärgerlich auf jede Gaspedalbewegung, wie eine ausgehungerte Straßenkatze, der man beim Fressen versehentlich auf den Schwanz getreten ist.

Das Lenkrad wies einen hölzernen, relativ dünnen Kranz auf, im Drehzahlmesser befand sich eine kleine Uhr mit Achttage-Aufziehwerk (wie es damals üblich war), und das Signalhorn gab einen schrillschönen Dreiklang von sich. Er hätte von Giuseppe Verdi komponiert sein können (war er vielleicht auch).

Gelegentlich musste mein Lancia-Spezi Ludwig Hirschbold die Vergaser-Synchronisierung nachstellen, denn das Verbindungsgestänge der drei Weber-Gasfabriken hatte die Eigenschaft, sich hin und wieder ungefragt zu lockern. Das machte sich durch unrunden Motorlauf bemerkbar und durch erlahmende Beschleunigungsdynamik. War der regulierende Eingriff fachmännisch wieder einmal vollzogen, lief der elastische Sechszylinder im Leerlauf und im unteren Tourenbereich seidenweich.

Bekenntnis zum Minimalismus

Als Importeur britischer Automobile besaß die einstige Firma A. Brügge-mann & Co in Düsseldorf einen guten Namen, was darauf zurückzuführen war, dass die Brüggemänner ihre Autos ja zu Zeiten anboten, als »British Leyland« noch kein Schimpfwort war.

In den Sechziger- und frühen Siebzigerjahren interessierten mich Autos englischer Herkunft in besonderem Maße, Der Mini zählte zu ihnen. Ich bewunderte das Konzept des lustigen Zwerges und den sportlichen Rallye-ruhm, den er innerhalb weniger Jahre eingefahren hatte. Harald Linke, für die Öffentlichkeitsarbeit bei Brüggemann zuständig, meinte im Frühjahr 1974, ich müsste unbedingt einmal einen besonders gut motorisierten Mini ausprobieren. Es war kein Cooper, sondern ein 1275 GT, den er mir anver-traute. Drei Monate durfte ich ihn behalten und erproben.

Es hätten schon zwei Wochen gereicht, um aus mir einen echten Mini-Fan zu machen. Das nur drei Meter kurze Kraftpäckchen mit dem 75 PS leisten-den Quermotor an der Vorderachse war Spaßauto und mobile Ratio in ei-nem. Meine Frau sah das ebenso: Mit keinem anderen Testwagen hatte sie sich so schnell anfreunden können wie mit dem Mini, den nach drei Mona-ten wieder herzugeben uns schwer fiel. Der gerade für den Münchner Groß-stadtverkehr bestens geeignete Individual-Commuter war sozusagen die moderne Interpretation der Topolino-Philosophie oder die Fortsetzung des Goggomobil-Konzepts mit anderen Mitteln, um ein Zitat des Generals von Clausewitz zu verbiegen. Man könnte die Austin-Morris-Werbung zitieren, derzufolge der Mini ein Viersitzer sein sollte. Die Japaner hätten an dieser

Aussage nichts zu beanstanden gehabt, sie eher als untertrieben beurteilt. In unseren roten Dauertestwagen nahmen wir auf den Rücksitzen nur ein einziges Mal zwei Erwachsene mit, erprobungshalber (unsere Tochter war erst zwei Jahre alt). Doch wehe, man hätte versucht, auch Reisegepäck für vier Personen unterzubringen. Aber zum Zweisitzer taugte das Auto umso besser. Geradezu gemütlich war's dann, und mit einem Griff nach hinten hatte man alles nah zur Hand, was man während der Fahrt brauchte – ohne hinzusehen, ganz abgesehen davon, dass es eine Menge weiterer Ablagen im Innenraum des Autos gab.

Ich habe rasch begriffen, warum der Mini ein so tüchtiges Gefährt für die Berge ist und warum Männer wie Paddy Hopkirk, Timo Mäkinen, Rauno Aaltonen und Tony Fall mit ihm ihre vielen Rallyesiege errangen. Das Auto lag ihnen wie ein Faustkeil in der Hand, und wo sie ihn ansetzten, brachten sie so manches automobile Urgestein zum Splittern, um es bildlich auszudrücken. Nicht, dass ich es versucht hätte, ihnen gleichzutun. Aber mal auf der B11 vom Kochelsee nach Urfeld am Walchensee an einem ganz frühen Sonntagmorgen ohne Gegen- oder Mitverkehr im zweiten Gang zu düsen, mit dem Herzogstand im Morgenlicht an Steuerbord voraus, das hat schon Spaß gemacht.

Schiffbruch im deutschen Wald

E s hat sich seit mehr als 40 Jahren wohl herumgesprochen: Der Ro80 gehört zu den bedeutendsten Meilensteinen der Automobilgeschichte. Mit gezielter Indiskretion lancierte der Hersteller NSU Monate vor dem Erscheinen seiner sensationellen Limousine gestellte Schnappschüsse von diesem Wagen sowie verbale Andeutungen über seine Besonderheiten. Als sich der Vorhang hob, staunte die Fachwelt und der Laie wunderte sich: Ein so modernes Auto ließ alle anderen alt aussehen. Der von Claus Luthe und seinem Team keilförmig gestaltete Viertürer, ein aerodynamisches Meisterwerk, hatte Vorderradantrieb, eine magnifizente Kupplungs- und Getriebeautomatik – und einen Zweischeiben-Kreiskolbenmotor System Wankel. Die Motorpresse stand Schlange nach Testfahrzeugen, und Pressechef Arthur Westrups Assistentin Beate Zartmann hatte ihre Mühe, Gerechtigkeit bei der Vergabe walten zu lassen.

Ich hatte das Vergnügen, noch vor der Pressepräsentation zu einer Vorführung (Anmerkung: Ich hatte hier aus Versehen »Verführung« getippt, ein Freud'scher Fehler, den ich hätte stehen lassen sollen ...) mit einem Wagen der Vorserie eingeladen zu werden. Arthur Westrup gab sich persönlich die Ehre, einen Kollegen und mich zu einem Probegalopp ins Hohenlohische auszuführen: »Die ersten Kilometer fahre ich und zeige euch, wozu der Ro80 taugt, meine Herren. Dann kommen Sie an die Reihe. Auf Los geht's los!« Und Herr Westrup preschte davon wie ein Uhlenhaut im Silberpfeil, bog in einen Waldweg ein, jagte um Kurven und Ecken, ließ die Limousine samt Insassen hüpfen, springen und wedeln – bis es plötzlich vernehmlich

»plopp« machte, oder vielmehr »ploppoppplopp«, und wir zwischen zwei württembergischen Eichen zum Stehen kamen.

Westrup war fassungslos, dann begann er zu jammern: Sein ganzer Stolz, sein persönlicher Vorführwagen, war mit abgescherter rechter Antriebswelle außer Gefecht gesetzt. Wie konnte das nur passieren! Mit zwei Journalisten an Bord! Wie blamabel ... Nun ja, der Ro80 war natürlich kein Offroader. Alle Eichhörnchen zwischen Untereisesheim und der Burgruine Kaiserpfalz werden sich amüsiert haben.

Nicht ausgekugelte Halbwellen, sondern verschlissene Dichtleisten an den Läufern gehörten später zu den häufigsten Defekten eines Ro80. Es gab aber genügend Unverdrossene, die selbst nach einem dritten oder gar vierten Tauschmotor ihre NSU-Loyalität so bald nicht aufgaben. Auch der relativ hohe Benzinverbrauch ließ sie nicht markenuntreu werden. Ich konnte diese Leute gut verstehen. Nach einigen Tausend Fahrkilometern in Testfahrzeugen war auch ich davon überzeugt, dass der Ro80 eines der besten Autos seiner Zeit darstellte. Arthur Westrup, dem die Marke NSU einen großen Teil ihrer einstigen Popularität und Verkaufserfolge verdankte, wurde 96 Jahre alt. Er hat mehr als 20 Bücher geschrieben, etliche Zeitschriften gegründet und mitgeprägt, und noch mit 50 Jahren hat er das Goldene Sportabzeichen erworben.

In memoriam
Huschke von Hanstein

Dass ich mit Fahrzeugen der Marke Porsche näher in Berührung kam, verdanke ich dem damaligen Sport- und Pressechef Fritz Huschke von Hanstein. Es ging um eine Reportage für den »Playboy«, und Huschke war sehr daran gelegen, der Leserschaft des Münchner Trendmagazins alle positiven Merkmale der Kultmarke Porsche angemessen zu vermitteln. Er vertraute mir 1976 einen 911 3,0-Liter-Turbo an – mit ihm absolvierte ich meine allererste Porschefahrt.

Der spurtstarke Sechszylinder besaß das Zeug, nach dem man süchtig werden konnte. Der 1964 vorgestellte Nachfolger des berühmten 356 hatte zuerst einen 130 PS starken 2,0-Liter-Motor aufgewiesen, Trockensumpfschmierung, vorn und hinten Scheibenbremsen (Zweikreissystem), ein Getriebe mit fünf Gängen sowie Zahnstangen- statt wie beim 356 Schneckenlenkung. Kinderkrankheiten, zu denen Ventil- und Vergaserschäden gehörten, beeinträchtigten den Absatz im ersten Jahr, doch danach startete der 911 voll durch. Mit etwas längerem Radstand und breiteren Kotflügeln präsentierte Porsche den 911 im August 1968 als Serie B, außerdem gab es das S-Modell und einen neuen 911 E mit mechanischer Saugrohr-Einspritzung. Im Jahr darauf erhielt der 1991-cm³-Motor durch eine um vier mm erweiterte Bohrung eine Hubraumvergrößerung auf 2195 cm³, ehe 1971 ein neuer Motor mit 2341 cm³ zur Verfügung stand. Aus dem 2,4 Liter entstand 1973 der 2,7 Liter (2687 cm³, 150 bis 210 PS), 1975 schließlich der von mir mit viel Vergnügen bewegte 3,0 Liter (2993 cm³, ab 165 PS). Solch ein Auto kostete 66 000 Mark, so viel also wie sieben neue VW-Golf plus einen gebrauchten Opel Kadett.

Der Porsche 911 steht prototypisch für jene Kategorie von Automobilen, die niemand braucht. Aber auch den »Playboy« braucht niemand, und man konnte davon ausgehen, dass sowieso nur ein geringer Prozentsatz der damaligen Abonnenten für den Kauf eines Porsche, sondern eher eines Opel Diplomat infrage kam. Mir konnte das wurscht sein – ich kostete zehn wundervolle Porschetage aus, versuchte so vielen Freunden und Bekannten wie möglich mit »meinem« 250 km/h (gefühlt 450) schnellen Turbo mit dezentem Bürzel, Lederlenkrad, Sieben-Zoll-Felgen und mattschwarzen Applikationen zu imponieren und bekam den Sprit für meine Angeberei obendrein aus der Redaktionskasse erstattet. Die beiden Tickets für zu schnelles Fahren leider nicht.

In jeder Familie gab es einen

Zum Käfer habe ich ein gespaltenes Verhältnis. Millionen von Autofahrern können sich nicht irren, hieß es einmal, aber dem hielten Satiriker entgegen, dass auch Millionen von Fliegen sich nicht irren können, etwa in Bezug auf ihre Nahrungsvorlieben ... Ich habe alle Nachteile, aber auch die Vorteile kennenlernen dürfen, die sich aus der Benutzung eines Volkswagen Käfers ergaben.

Mein Käferauto, Baujahr 1966, bekam ich geschenkt. Vom mitleidig lächelnden VW-Garagisten Johann Sesser in Mondsee: »Wenns döhn akkurat ham mechtn, bittschön, sonst tuan man vaschrohtn, aber wenns am nimmer mögn, gebens am wiada zruhck ...« (das tat ich zwei Jahre später auch). Und ich möge bittschön net goa so schnöhl foahn.

Ausschlaggebend für meinen Käferwunsch waren die zur Schneezeit nicht immer leicht erklimmbaren Bergstraßen in unserer damaligen Zweitheimat Oberösterreich, und dort erwies sich der graublaue 1200A mit 34 PS als geradezu ideales Alltagsauto. Weder gab es jemals Traktionsprobleme, ganz gleich auf welchem Untergrund (da hielt das Auto mit jedem Nissan Patrol oder Toyota Landcruiser mit), noch ließ uns jemals die Elektrik im Stich, wie ich es bei tiefen Minustemperaturen von etlichen anderen Fahrzeugen her gewohnt war, die ich dann und wann an frostigen Wintermorgen ankurbeln musste. Ich liebe Autos, die man mit einer Andrehkurbel starten kann, sollte der letzte Saft aus der Batterie herausgenudelt worden sein.

Aber: Von Heizung konnte ebenso wenig eine Rede sein wie von einer wirksamen Lüftung; die Scheiben unseres Käfers beschlugen unabhängig von der jeweils herrschenden Außen- oder Innentemperatur mit einem hohen Grad an Zuverlässigkeit auf jeder Fahrt, besonders wenn man zu dritt oder viert im Wagen saß. Also fuhr man stets mit einem etwas geöffneten Fenster. Die Schwergängigkeit der Schaltung legte sich frühestens nach 20 Kilometern Fahrt, und die Mitnahme von Gepäck war nur möglich, wenn man maximal zu zweit unterwegs war. Der Benzinverbrauch hätte jedem BMW 5er zur Ehre gereicht, der Sitzkomfort ließ von zehn Wünschen neuneinhalb unerfüllt. Einen Lastwagen auf der Autobahn zu überholen, verbot sich von selbst – mit maximal 115 km/h Spitze bildete man für Nachfolgende ein schon fast kriminelles Verkehrshindernis. Aber für Langstreckenfahrten war unser Geschenkpaket ja auch nicht gedacht. Als wir es dennoch einmal wagten, zerriss es den Motor, was der Sesser Johann wohl geahnt haben muss. »Foahns net goa so schnöhl«, hatte er gewarnt! Der in Deutschland in das Auto mit oberösterreichischem Kennzeichen (Erdäpfelnummer) eingebaute und an der Grenze leichtsinnigerweise nicht deklarierte Ersatzmotor wurde dann auch noch als Gegenstand schlimmen Zollvergehens geahndet.

Dennoch: Eine ganze Generation von Autofahrern wuchs mit dem Käfer als Maß aller (mittelmäßigen) Dinge auf, und es gab später ja auch sehr viel besser motorisierte und besser ausgestattete Käfer; einige sollen sogar ausreichend beheizbar gewesen sein. Sich zu ihnen zu bekennen setzt eine bestimmte, in jedem Fall duldensfähige Grundeinstellung zum Kraftwagen voraus, so wie auch beim Citroën 2 CV. In jedem Fall muss man als bekennender Automobilliebhaber einmal einen Käfer gefahren haben, um ermessen zu können, warum sich die Generation unserer Eltern für den weltberühmten Wolfsburger so sehr zu begeistern vermochte. Ein Amerikaner würde sein virtuelles Garagendutzend mit einem aus fabrikneuen Katalogteilen aufgebauten Ford Model T abrunden, ich aber entscheide mich für einen alten Käfer ohne ausreichende Heizung, dafür aber mit nicht wegkosmetisierten Gebrauchsspuren aus fünf Jahrzehnten. So viel niedersächsischen Patriotismus wird man mir sicher zugestehen.

... mindestens so schön wie ein Dampfschiff

Wenn Sie noch ein paar Minuten Zeit haben, führe ich Sie zu meinem zweiten virtuellen Garagendutzend, ohne indes näher auf die Kriterien für meine getroffene Auswahl einzugehen – es würde zu weit führen, und sie spricht eh für sich. Oder für mich? Einige Fahrzeuge kommen Ihnen nach der Lektüre dieses Buches bekannt vor, und es sind überwiegend etwas ältere Ikonen. Wir betreten also die zweite Ebene der Geheimgarage und erblicken dort im matten Glanz ehrwürdiger Patina ein Alfa Romeo 6C 2500 Coupé Pininfarina von 1948, einen rechtsgelenkten Frazer Nash-BMW 328 von 1937, einen selbstverständlich tiefschwarz glänzenden Citroën 15-six Baujahr 1950 (den mit dem Reserverad auf dem flachen Kofferdeckel), einen fischsilbernen Horch 855 Roadster von 1938, einen von Bob Wood getunten 1928er Invicta 4.5 Litre S-type mit abgewetzten Ledersitzen, einen allradgetriebenen Jensen Interceptor FF Mk. III von 1971, einen ebenso klassischen Lagonda V12 Saloon von 1937, einen 1959er Maserati 3500 GT mit Touring-Superleggera-Aufbau, einen kanarienvogelgelben Auburn 851 Kompressor-Speedster Baujahr 1935, einen meiner geliebten Triumph 2000 Roadster von 1949, den vom Objektkünstler und Fotodesigner, Hobbykoch und Jazzposaunisten Bodo Schieren gepflegten, auberginefarbigen Volvo 544 B18 Baujahr 1961 und schließlich einen roten Wanderer W 25 K Sportzweisitzer, gebaut 1936, aus dem Nachlass von Manfred Giese, einem inzwischen längst vergessenen Sammler feinsten Motorblechs in Obertrogen.

Genug des genüsslichen Augenverdrehens ... Einige dieser Autos, glaube ich, werden wir sowieso niemals zu fahren eine Chance haben. Mit dem einen oder anderen von ihnen verbinden mich jedoch schöne Erinnerungen, an denen Sie ja auch teilhaben durften; und über jene, von denen ich nichts Näheres verlauten ließ, weiß ich auch nichts weiter zu erzählen – nur soviel, dass kurze Begegnungen auch mit ihnen unvergessliche Momente darstellten. Schließen wir also beide Garagenebenen wieder zu (Licht ausmachen nicht vergessen) und werfen noch kurz einen Blick auf die letzte Seite in Otto Julius Bierbaums Buch »Eine empfindsame Reise im Automobil von Berlin nach Sorrent und zurück an den Rhein«. Dort lesen wir: »Ein Auto soll Selbstgefühl genug haben, auszusehen wie eine Maschine. Und die kann schön sein. Ich will nicht sagen: schön wie ein Pferd. Aber wenigstens so schön wie ein Dampfschiff …«

Bibliografische Information der Deutschen Nationalbibliothek
Die Deutsche Nationalbibliothek verzeichnet diese Publikation
in der Deutschen Nationalbibliografie; detaillierte bibliografische
Daten sind im Internet über http://dnb.dnb.de abrufbar.

1. Auflage 2015
ISBN 978-3-667-10130-3
© Delius Klasing & Co. KG, Bielefeld

Lektorat: Alexander Failing
Fotos: Halwart Schrader
Einbandgestaltung und Layout: Gabriele Engel
Lithografie: scanlitho.teams, Bielefeld
Druck: Print Consult, München

Delius Klasing Verlag, Siekerwall 21, D - 33602 Bielefeld
Tel.: 0521/559-0, Fax: 0521/559-115
E-Mail: info@delius-klasing.de
www.delius-klasing.de